いま、子どもたちに伝えたいこと

原田隆史

ウェッジ

はじめに

私は中学校の教師を二十年間務めました。いまでも思い出すと胸が熱くなる感動のシーンが、たくさんあります。陸上競技日本一という成功の瞬間に何度も立ち会うことができました。本当に幸せな教師生活でした。同僚教師や保護者、そして生徒たち、素晴らしい出会いに恵まれた大変充実した二十年間でした。

二十年の間に私は職場の仲間、主宰している私塾「教師塾」、陸上競技の活動を通して数多くの教師と出会いました。その中には「達人」と呼ぶにふさわしい教師がいました。必ず成果を出し、輝いているプロ教師がいました。

たとえば、陸上競技指導の達人。その先生が赴任すれば、その学校の陸上部は必ず日本一になります。その先生も生徒たちも、活動の様子も、一見しただけで何かが違います。そういった指導者はスポーツ指導の「勘どころ」を持っているのです。

あるいは、学級経営の達人。その先生が担任を持ったクラスは必ず男女が仲良くなり、お互い助け合い、生徒が自立し、学力も向上するという理想の学級になるのです。いじめや不登校といった問題もほとんど起きません。ケンカや揉め事が起きたとしても「先生、ここは僕らでやりますから、先生は安心して見ていてください」なんていうセリフが中学一年生の口から飛び出すのです。

こういった全国各地の達人教師とかかわりを持つ中で、その先生がなぜ他の教師よりもうまく指導できるのか、ということを私は長年にわたり研究してきました。その理由は一体何なのか。人間的な資質なのか、それとも想像もつかないようなコツがあるのか。

そこで全国から学級経営の達人教師の成功事例を集めました。普段の取り組み、学級でのルール、日々の指導などについて研究を重ねた結果、あることがわかりました。常に最高の学級を作る教師には、共通する二つの特徴的な取り組みや姿勢、行動がありました。

人が集まれば学級や学校という集団になり、集団にはルールや約束が必要になります。また、人と人とのかかわりがおのずと生まれ、その中での様々なコミュニケーション上の課題や不具合が出てきます。

この「ルール」を作り、守らせて、学級をピリッと引き締める「厳しさ」と、「コミュニケーション」を円滑にし、明るく楽しい学級にする「優しさ」、この二つの特徴的な姿勢を軸として集団にかかわることにより、達人教師は最高の学級を育て、一人ひとりの生徒を輝かせていたのです。

この気づきは非常に大きなもので、たとえば現場経験のない新任教師であっても、こういった達人教師の「厳しさと優しさのバランス指導」を愚直に真似ていけば、最高の学級を作る確率が高くなるということです。このような優秀な教師の取り組みを共有し、広め、日本の教育を正しく導いていこうという活動が、前述の「教師塾」の目的でもあります。

二十年間の教師生活をいったん終えた私は、企業のビジネスマンの人材育成に携わるようになりました。最初の頃は、教師時代に培った経験や知識が企業に通じるのか、正直不安もありました。しかし、企業での教育経験を積み、多くの尊敬する経営者や現場の優秀なリーダーとのつながりが強まるにつれ、私の不安は消え去り、そこにはある一つの確信が生まれました。

それは「学校も会社も本質は同じだ。理想の学級や学校を作るための子どもに対するかかわりと、理想の職場や会社を作るための大人に対してのかかわりは、ほとんど変わらない」ということでした。

優秀な会社経営者や上司は、達人教師と同じやり方で、働きがいのある生産性の高い理想の職場を作り、社員をイキイキとさせていたのです。

私の得た「最高の学級作り・学校経営のための極意」は、少し手を加えれば、大人の企業活動にもそのまま当てはまる、「最高の企業作り・企業経営の極意」となったのです。

大人も子どもも区別なく、イキイキとし、輝いている人は、自分がこれと決めたこと（仕事、クラブ、勉強、習い事）で、自分が出したい成果を出しています。また、その成果を独り占めせず、家族や同僚、周りの人に還元し、感謝し、人を助け、周囲を元気にする力を持っています。私はこのような人を「自立型人間」と名づけました。

私の使命は、教育活動を通して、一人でも多くの自立型人間を育て、日本の社会と未来の発展に貢献することです。そして、学校教育の中で育てた「自立型人間」は、社会人教育・企業教育の中でも育てることができる、ということに気づき、私の企業での人材育成教育は、ますます的を得たものになったと自負しています。

その貴重な学び・気づきを基に、今回この本の中で新たにご紹介しているのが、その「学校と会社組織育成の極意」を「家族」というもっとも身近な集団に当てはめて考えたシステムです。これは、本邦初公開となるものであり、よりよい「家族育成」「家族経営」に必ずプラスの影響を与えるものと信じています。

イキイキとした子どもは、イキイキとした家族から育つ。その子どもたちがイキイキとした学校に通い、イキイキとした会社で活躍し、自立型人間としてこの社会全体を輝かせていく。それが、私の思い描く、未来のあるべき日本の姿です。

私はこれからも「家族」「学校」「会社・企業」という三つのフィールドを中心として、人材教育と組織育成のために全力を尽くし、自立型人間、自立型組織、そして自立型社会を育成し続けます。

この本を読んでくださったみなさまに切にお願いしたいことは、ぜひ「家族」というフィールドから、自立型人間を育成していただきたいということです。

子どもたちの明るい未来と希望のために、自分のお子さんだけでなく、隣に住んでいるお子さんや地域に住む子どもたちのことも気にかけてください。親同士が協力して大人全員で子どもを見守り、育てていただきたいのです。

本書は、私のそのような強い願いを形にしたものです。この本を手にしてくださった大人のみなさん、子どもたちの未来のために、それぞれのフィールドで、志を分かち合い、ともに取り組もうではありませんか。

いま、子どもたちに伝えたいこと

目次

第一章　わたしの原点

第二章 わたしが目指す人間像

第三章 家族経営のコツ

第四章 親づくり・自分づくり

第五章
いま学校で何が起きているか、知っていますか？

編集協力　網中裕之
協　　力　森本恵子（株式会社原田教育研究所）
平野達郎・小笹大道・戸崎恵（教師塾 塾生）

第一章

わたしの原点

信念を持った父

「荒れた中学校を次々と建て直し、ついには陸上競技部を日本一にまで導いたカリスマ教師」

私のプロフィールにはそう記されています。もちろんこれは紛れもない事実ですし、実際、二十年間にわたって教育現場で子どもたちを導いてきました。ただ、このプロフィールだけを見ると、とても強い人間であるかのように思われるようです。

「原田先生のような強さを身につけるには、どうしたらいいのですか」

「先生のような教師になりたいのですが、何をどうすればいいのでしょうか」

私が手弁当で開催している「教師塾」においても、よくそんな質問を受けることがあります。

もちろん教師としての技術や方法論は教えることができます。子どもたちを指導したり授業をしたりする上では、確固とした技術を身につけることは必要です。私も母校である奈良教育大学でその技術をしっかりと学んできました。しかし、その技術をいかに高めていくかということは、それぞれの人としての力、人間力にかかわってきます。同じように大学で学んできた先生でも、いざ現場に出ると大きな差がついてくる。その差はいったい何なのか。

情熱や熱意といったこともあるでしょう。性格や向き不向きということもあるかもしれません。一言で言えば、その人が持つ、人としての魅力みたいなものです。これはなかなか教えることが難しい。私自身でさえ、具体的に説明ができないこともあります。「どうして原田先生は、子どもたちの心をつかめるのですか」と聞かれても、それは一言では言い表せません。なぜならその答えは、私が生きてきた人生にしかないからです。

私という人間が、どうしてこのような評価を受けることになったのか。どうして教師という職業に就くようになったのか。それは私を育んでくれた父や母、そしてこれまでに出会った先生たち。そういう多くの人たちのおかげで、いまの私があるとしか言えません。

本書を書くにあたって、まずは私自身の生い立ちを書こうと思います。父のこと、母のことを書こうと思います。そしてそれは、初めて公に書くことでもあるのです。

私の父は、昭和三年の生まれです。島根県の士族の血を引き、祖父は大阪の堺で地元の網元をしていました。古くは壇の浦で戦った平家の武士の血も引いていると聞いています。

昭和三年生まれということで、もうおわかりでしょう。そうです、ちょうど十代の頃に終戦を迎えた世代です。人生の中でもっともキラキラと輝いている十代の頃、日本は戦争に向かってまっしぐらに突き進んでいました。その頃父は、陸軍航空隊にいました。陸軍航空隊といえば、特攻隊の所属部隊です。そこで気象観測の任務に従事していました。

気象観測の任務は、翌日の天候を予測し、特攻を決行するかどうかの判断材料を提供するという非常に重要な役割です。特攻隊として飛行機で飛び立つ。それはすなわち死を意味しています。まだ二十歳にも満たない青年たちが、片道だけの燃料を積んで敵艦に向かって飛び立つ。もう二度と生きては戻れないことを知りつつ、祖国のためにと自らの命を差し出す。まさにそういう現場に父は触れていたのです。

「明日の天気は快晴です」

そうなると、一瞬、隊員たちの表情は凍りつく。それでも自分を鼓舞するように「よっしゃ！　明日は出撃だ！」とみんなは口々に叫ぶ。明日に命が終わることの恐怖。そのような役目の一端を父は担っていたのだと思います。戦争末期の父の苦悩が想像できます。日々、父はたいへんな緊張感の中で任務に当たっていたのです。

しかし、父は命をいただき、日本は終戦を迎えました。

父は命が長らえたことへの安堵感とともに、若くして命を散らせた同年代の若者に思いをはせ、彼らの命の分も死ぬ気で頑張ると決意し、日本の戦後の復興を支えたのです。そして、そんな思いを一身に抱えて、父は警察官の道を歩き始めたのです。

戦後の治安を守るため、父は一心不乱に警察官の仕事に打ち込みました。常に第一線の危険な現場に出かけていく。犯人と対峙し、拳銃の撃鉄を起こしたこともあると、かつての部下から聞いたこともあります。そのような光景は、平和な日常の中にいる私の周りには、いまはありません。

戦後の混乱期の治安維持の最前線という危険な職場に、常に自分の命を置き、戦争で亡くなった青年、少年たちの分も真剣に全力で生きたのです。父から直接気持ちを聞いたことはありませんが、息子としてはそういう父の気持ちがよくわかります。

父は警察官として非常に優秀でした。また、現場第一主義者でした。

警察でもある程度の年齢に達すると、現場を離れて管理のほうに移らないかと話が来ます。現場で危険に身を晒すことなく、スーツを着てデスクワークをする。しかも、階級も給料も上がります。

しかし父は、その話を断りました。同僚や後輩たちが次々と現場を離れていく中、父はそんなことには目もくれず、日々の厳しい職務をひたすら遂行していたのです。

「弱い者を守り、本当に悪い者を絶対に許さない」

これが父の信念でした。その生きざまを間近に見ながら私は育ちました。信念を守り通した父には、こんなエピソードが残されています。

警察官の仕事の中には、交通違反の取り締まりがあります。一時停止を怠った車や、駐車違反をした車を見つけたりして切符を切る仕事です。もちろん、交通事故を未然に防ぐためには非常に重要な職務です。

普通警察官は、昇進のためにもこの切符をたくさん切ろうと努力をします。どこそこに一時間いれば、三人は捕まえることができる。そんな情報も署内で交換されていたのではないでしょうか。要するに、たくさんの違反切符を切ることが自分の点数になり、出世につながっていったのでしょう。

しかし父は、切符を切ることを嫌がりました。部下から説得されると、父はこう言ったそうです。

「警察官は正義の味方で、弱者を助けるのが仕事や。市民を犯罪から守るのが使命や。交通違反というのは、もちろん中には悪者もおるけど、多くはうっかりミスや。そのうっかりミスをした人を罰するというのは性に合わん。それより犯罪者と体を張って闘い、市民の命を守りたい」と。

当時の関係者は困ったかもしれません。人との関係をもっとも重んじる父でしたが、そのことに関しては自分を譲りませんでした。

しかし、にもかかわらず父を慕う人間は後を絶ちませんでした。お盆やお正月になると、毎年のようにわが家は警察官であふれていました。父の部下が押し寄せてくるのです。少ない給料なのに、父と母はみんなに心からのご馳走を振る舞っていました。父のことを「本当のお父さん以上」と慕う婦人警官や若い隊員もいました。

どうして父のところには、こんなにも多くの人たちが集まってくるのか。どうして父はみんなから慕われ、尊敬されていたのか。その理由はただ一つ。父の生き方には筋が通っていたからです。はっきりとした信念を持ち、決してその信念を曲げることはない。相手が何であろうが、自分の筋を通し抜く。その凛とした生き方に多くの人間が引き寄せられたのだと思います。

そんな父の背中を、私と兄はいつも見ていました。物事をいい加減にする。さぼったり手を抜いたりする。そんな父の姿を私は見たことがありません。常に私と兄の中では、「男の中の男」「かっこええ親父」「筋が通ってる人」という印象しか残っていません。そしてそれこそが、私という人間をつくってくれたのです。

警察官としての激務を果たしつつも、父は休日になるといつも釣りやハイキングに連れて行ってくれました。それも私たち兄弟だけでなく、私の友達や兄の友達も一緒に連れて行ってくれるのです。総勢で三十人にもなったこともあります。おまけに参加したすべての子どもや、時には大人にも目を配って、みんなを楽しませてくれる。私は子どもながらに、そこに教師の姿を見ていました。〝親父は、もしかしたら教師に向いているのかもしれない〟と、そんなふうに感じたことを覚えています。大阪の荒れた中学校を改革していたときに、その生徒指導のバックボーンには、父の姿が常にありました。

警察官を退職した父には、後に勲章が授与されました。大阪を代表する警察官。そんな名誉ある父でした。出世などまったく興味がなく、賞なんかこれっぽっちも望まなかった父。どんな気持ちで勲章をいただいたのでしょうか。その気持ちは聞けていません。

全面的に信頼し、味方になってくれた母

小さい頃の私は、どちらかと言うと身も心もひ弱な子どもでした。いまの私の姿を講演会やテレビで見る人には信じられないかもしれません。また逆に、小学生時代の友達からすれば、筋骨隆々の姿で人前で講演などをしている私が信じられないようです。

小学校の低学年くらいまで、私は弱い子で、人づきあいが苦手で、一人でいることを好み、学校に行くのがあまり好きではありませんでした。いままで言う不登校の傾向もあったと思

います。何せ人前に出るのがつらかった。たとえば映画館やデパートのトイレに入る。誰もいなければ安心できるのですが、おしっこをしているときに後ろに誰かが立つと、いっぺんに出なくなってしまう。だからいつも個室が空くまで待って、中からカギをかけ、そしておしっこをするという有様でした。たいへんでした。

いまも記憶にあるのは、地域の運動会です。地域が主催する運動会ですから、どんな競技に出るのも自由です。かけっこに何度も出れば、出ただけ賞品がもらえるわけです。その運動会に家族四人でよく出かけました。

兄は積極的な性格で物怖じしません。それに運動もできましたから、いくつもの競技に出ていきます。そしてそのたびに一番になり、折り紙やチョコレートを賞品にもらってきます。そのお菓子を私にくれるわけです。もちろん私だってかけっこに出て、自分の力で賞品をもらいたい。そんな気持ちはあふれているのですが、どうしても出る勇気がありません。子どもながらに情けない気持ちになったものです。

でも、そんな情けない息子に対して、両親は何も言いませんでした。「お前も頑張れ」とか「何でお前は行けないんだ。情けない奴だな」、もしもそんな言葉で責められたとしたら、私の心はたちまち追い詰められていたでしょう。しかし、両親は一言も私を責める言葉を発しなかった。とにかく、百パーセント私と兄のことを信じてくれていた。〝この子は大丈夫だ〟〝いまは少し気持ちが弱いけれど、きっと強い人間になる。隆史にもいいところが必ずある〟、そう信じてくれていたのです。

全面的にわが子を認め、受け入れる。焦ることなく、その時期が来るまでじっと見守ってくれる。それはまさしく、教育者の原点でもあるのです。待つことは簡単なことではありません。歯がゆい気持ちになることもあるでしょう。それでも真の愛情があるのなら、その子の機が熟すまで待つこと。その大切さを両親から、知らず知らずのうちに学んでいたような気がします。

また、私は夜尿症にも悩まされていました。小学校の低学年まで、おねしょをしていたのです。林間学校でも、担任の先生に夜中に起こしてもらいました。おそらくこれも、対人関係などのストレスからきていたのでしょう。母親としては心配だったに違いありません。それでも母は、一度たりとも私のおねしょを叱ったことはありませんでした。

おねしょをする子どもたちは、毎晩、神や仏に祈るのです。「どうか今夜だけはおねしょをしませんように」と。しかし翌日、やっぱりおもいっきりおねしょをしています。そのときの罪悪感、劣等感、後悔といったら経験した者でないとわかりません。本当に自分が情けなくイヤになります。そんなときも母は「隆史、大人でおしっこたれする人はおらんよ。そのうちに必ず治るから心配しなさんな。何ぼでもおしっこたれなさい」と笑顔で言いました。そのとき私は〝ああ、生きてて良かった。この母のもとに生まれて良かった〟と真剣に思うのです。

現在も夜尿症で悩む子どもたちがたくさんいると思いますが、どうか責めないでください。「あなたは、いまのあなたでいいのよ。きっと良くなる」このメッセージを子どもたちに投げてください。子どもたちを救ってください。

母は京都の生まれで、どんなことがあっても文句など言わない、とても芯の強い人でした。とにかく優しさにあふれた人でした。いま考えても、しつけ以外で叱られた覚えはありません。私にどうなってほしいとか、将来はこんな仕事に就いてほしいとか、そういうことはいっさい言いませんでした。とにかく私がやろうとすることは、全面的に認めて応援をしてくれたのです。

私が講演などで言う「母性」とは、まさに私の母親のことなのです。わが子を全面的に信頼し、何があっても味方になってくれる優しさ。それは決して甘やかすということではありません。人としての常識をしっかりと教えた上で、あとは子どもの気持ちや考え方を受け入れる。そんな愛情の深さこそが真の母性なのです。

私は荒れた中学校を立て直してきました。心が荒れた子どもたちを、導いてきました。どうしてそんなことができたのか。それは、私が忍耐強く子どもとかかわることができたからです。凶器や煙草を学校に持ち込み、暴れてガラスを割る子どもたち。そんな彼らが、一ヶ月や二ヶ月で変わるはずはありません。「どんな指導をされたのですか？」とよく聞かれます。もちろん技術的なことも必要ですが、ただそれだけで子どもが変わるものではない。最高の指導とは、あるべき姿や理想を描き、忍耐強くかかわることなのです。

来る日も来る日も声をかけ続ける。

「おはよう。今日はちゃんと朝飯食べてきたか？　カバンに物騒なもん入ってないやろな」

「入ってません。朝飯も食べてきました」

こんな会話を毎日繰り返します。

「おはよう。今日も朝飯食べてきたか？」

「食ってきたわ！　ほんまに先生はしつこいな。必ず毎日同じこと聞く！」

「そうや。俺はしつこいで。お前らがちゃんとするまで、卒業式の日まで同じこと聞くで」

「もう、かんべんしてください」

こんな会話を何百回してきたことでしょう。

こんな会話を繰り返すうちに、必ず子どもの気持ちは変化してきます。二、三回注意するだけでは、子どもたちには通じません。ただ教師だから注意している。それが教師の仕事だから叱っている。子どもはそう感じてしまいます。しかし、しつこいくらいに言うことで、子どもたちは〝もしかしたら、この先生は本気で俺のことを気にしてくれてるのかもしれない〟と感じるようになります。そこまで忍耐強く待ってやれるかどうか。私は魔法を使って子どもたちを導いたわけではありません。絶対にあきらめないという思いで、彼らを導いてきたのです。そしてその忍耐の大切さを教えてくれたのが、父と母だったのです。

自信を持たせるための成功体験

気が弱い私を、じっと待ってくれた先生がいました。小学校二年生のときの担任だった女の先生でした。私は、人前で発表することが苦痛でした。苦手だという人はたくさんいるでしょうが、私の場合は苦手などという甘いものではありませんでした。

授業中に、前の席の人から順番に当てられることがあります。ごく当たり前の光景です。その順番が私が座っている列になる。前から順番にどんどん私に近づいてくる。あと四人、あと三人。そしていよいよ私に順番が回ってくる。そうなった瞬間に緊張はピークに達して、ついには貧血を起こしたこともありました。たかが発表くらいと思うかもしれませんが、私にとってはそれは恐怖にも似た瞬間だったのです。

そんな私を見て、担任の先生がある日みんなの前でこう言いました。

「今日から原田君を、発表では当てないことにします」

それを聞いた同級生たちは言います。

「そんなん、ずるいわ」

「なんで、原田君だけ贔屓《ひいき》するの？」

「僕も当ててほしくない」

教室はいっぺんに騒がしくなりました。当然のことです。発表がイヤな子どももたくさんいるのに、私だけが当てられないというのですから、みんなのほうが正論でしょう。しかし先生はそれを一喝したのです。

「黙んなさい！　先生がそう決めたんやから、そうするんや！」

その一言で教室の中はシーンとしました。私はびっくりしました。正直、状況を把握できませんでした。

家に帰ってそのことを母親に話すと「それはよかったなあ。これで授業中もドキドキせんで済むなあ」と優しく言ってくれました。

さて先生のはからいで、本当に次の日から私はいっさい当てられることがありませんでした。ドキドキすることもないから、授業も安心して受けることができました。しかし人間とは面白いもので、自分だけ当てられないと、何となく寂しくなったりするものです。数日経つと気持ちにも少し余裕が出てきて、自分も発表したいなという思いになってきました。

そこである日、私は職員室に行き先生に言いました。

「ぼく、今度発表してみようかな」と。

何の授業だったか忘れましたが、教科書の文章の一節か何かの暗記の授業だったと思います。

「そうか。だったら、みんなの前で発表する前に、まずは職員室で練習してみようか」

それは願ってもないことでした。みんなの前なら緊張するけれど、先生の前ならば平気でした。私は職員室で一生懸命に暗記の発表をしました。そして発表が終わると、職員室にいた先生方が、みんなでほめてくれたのです。

「原田、ようできたな」

「上手にできたなあ。えらいやんか」

先生方は口々に私をほめてくれました。いまから思えば、担任の先生が私のことを他の先生方に話していたのでしょう。直接は私に言わないけれど、先生方はみんな私のことを心配してくれていたのだと思います。

そしていよいよ発表の日です。私を当てる前に、先生が目で合図を送ってくれました。「大丈夫か？　いけるか？」と。私もその合図にアイコンタクトで「やります」と答えました。

「今日は、原田君が発表します」

先生がそう言うと、みんなが驚いたように「ええー、ほんまー」と言いました。そして無事に発表が終わると、教室は拍手に包まれました。

「原田、できるやんか」

「すごいなあ。もうこれで大丈夫や」

友達みんながそう言ってくれたのです。そしてこの発表を機に、それからは必要以上にドキドキすることがなくなりました。そうです。先生は、忍耐強くその時を待っていてくれたのです。無理やりに発表させて追い詰めるのではなく、自分からやりたいと言い出すまで待っていてくれた。もしもあのとき、無理やり発表させられていたとしたら、きっと私は自信を失っていたでしょう。人前で話すことに対する恐怖心も、ますますひどくなっていたかもしれません。そしてもっと言えば、大勢の人に対して講演などできる人間になっていなかったかもしれない。大げさではなく、いまではそう思っています。

そしてこのエピソードには後日談があります。中学生になり、小学校の同窓会を行ったときのことです。このとき初めて、私はあの発表の日のことをみんなから聞かされたのです。私が発表する日、先生は私のいないときにみんなにこう言ったそうです。

「みんな、今日は原田君が発表します。原田君はものすごくドキドキすることを知ってるでしょ。それを頑張って、先生と一緒に練習をしてきました。だから今日は、みんなで原田君を応援してあげてほしい。もしも失敗しても、笑ったり茶化したりしたら絶対にあかんよ」と。

それを聞いたとき、私は泣きました。そして思いました。〝よし、先生になる。俺も頑張って絶対先生になる〟と。

先生は、先生という仕事の素晴らしさを、身をもって教えてくれたのです。あのときのことは、いまでも忘れることができません。

どんな子どもにも、自信を持たせるためには成功体験が必要です。小さな成功を体験させることで、初めて次のステップに進むことができる。闇雲に強要したり叱ったりするのではなく、まずは小さな成功をほめてあげる。他人から見ればそれは大した成功ではないかもしれないけれど、本人にとってはとても大きな一歩になることがある。

そして成功体験のためには、子ども本人の努力に加え、親や教師など、導く側がうまく成功させるように仕向けてあげること。準備をし、練習をさせ、成功するように根回しまでしてあげる。大人として大切なことはそういうことです。成功しなかったのは本人の責任。もちろんそういうこともあるでしょう。しかしそれだけではなく、成功に導くためには、大人の責任と愛情ある本気のかかわりが大切なことを知ってほしいのです。

リーダーは自分の弱さを知っている

小学生時代の思い出深いエピソードをもう一つ紹介します。それは三年生のときのことでした。二年生のとき、担任の先生のおかげで何とかみんなの前で発表ができるようにはなりましたが、相変わらず私はおとなしく目立たない子どもでした。いじめられることこそありませんでしたが、いるかいないかわからないような静かな子どもでした。いまの姿からは想像もできないでしょうが。

三年生のある日、学級会がいつものように行われました。確かその日のテーマは、仕事についてだったと思います。日ごろ接する職業を挙げて、その仕事の素晴らしさなどを話し合いました。そのときに、どういう流れかは忘れましたが、ある女の子がこんな発言をしたのです。

「バキュームカーのおっちゃんは、臭いし汚いなあ」

当時のトイレは汲み取り式がほとんどでしたから、町中にはバキュームカーが走り回っていました。確かにバキュームカーのそばに行くとにおいがするし、その女の子も感じるままにそう言ったのでしょう。もちろん悪気などはありません。その発言を機に、

「そうや、そうや。あんな仕事は汚いからイヤや」

と、みんなが口々に言い始めたのです。

ところが、同じクラスのY君のお父さんは、そのバキュームカーの仕事をしていたのです。みんなはそのことに気がつかず、相変わらず仕事の悪口を言っています。私はY君と仲良くしていたので、彼のことが気になって仕方がありませんでした。

ふとY君のほうに目をやると、彼は泣き出しそうな顔で私に何かを訴えていたのです。

「原田、助けてくれ」

そんなふうに私には聞こえました。これは何か言わなければいけない。私は意を決して発言をしました。

「それは違う。間違ってる!」

みんながいっせいに私を振り返り、教室の中はシーンとなりました。私はもう心臓が飛び出しそうでしたが、言葉をつないで言いました。

「バキュームカーのおじさんが来てくれへんかったら、僕たちみんな困るやろ。ものすごく大事な仕事や」

その言葉をきっかけにして、話し合いは、いかにその仕事が大事かという流れに変わりました。再びY君に目をやると、彼は目に涙を浮かべていました。「原田、ありがとうな」と目で私にお礼を言っていました。

さて、この出来事を境に、みんなの私を見る目が変わりました。その後の学級会で話し合いに詰まると、みんなが私に意見を求めるようになったのです。「原田はどう思う？」「原田はどっちが正しいと思う？」と。そしてついには、選挙で学級委員長に選ばれました。「ぼく、二学期から学級委員長をやることになったんや」

家に帰って母親に話すと、それはもう喜んでくれたものです。人前に出るのが苦手な子が、学級委員長になった。母親もよほど嬉しかったのでしょう。母は私の手に五百円札を握らせて、「これで何でも好きなプラモデル買っておいで」と言いました。

一ヶ月に一度、私は大好きなプラモデルを買ってもらっていたのですが、大体は二百円くらいの小さなプラモデルです。それが五百円もくれたのですから嬉しくてたまりません。私は玩具屋さんまで走って、高級な「戦艦大和」のプラモデルを買ったのを覚えています。

このときおそらく、私の中にあるリーダー性が芽生えたのだと思います。それ以来、なぜか私はリーダーの役割を担うことが多くなりました。私自身は、リーダーになって先頭を歩きたいとは思っていません。なのに不思議と、周りが私をリーダーに引き上げてくれる。これは、父親から受け継いだＤＮＡかもしれません。

リーダーというのは単に強い者、優れている者がなるわけではありません。自分自身の中に弱さやコンプレックスを抱えている人間のほうが相応しいように思います。自分の内に弱さがあるからこそ、他人の痛みがよくわかる。自分ができないから、できないつらさを理解することができる。世の中は強い人間ばかりではありません。いや、本当に強い人間などほんの一握りでしょう。ほとんどの人間は、人には言えないような弱さやコンプレックスを抱えて生きている。そのことを理解できなければ、とてもリーダーにはなれないと私は思っています。

子どもならばそれはなおさらのこと。勉強も運動もよくできて、精神的にも自立している。そんな完璧な子どもなど数パーセントもいないでしょう。ほとんどの子どもは自分の弱さに悩み、それぞれにコンプレックスを抱えているものです。表面上は明るく振る舞っていても、部屋で一人になれば、内なる弱さといつも格闘している。その気持ちを心から理解してあげることです。そして無理やりに弱さを克服するのではなく、克服できる時期が来るまで根気強く待ってあげる。焦ったり、追い詰めたりしてはいけない。

教室でのリーダーは教師です。そして家庭でのリーダーは父と母です。リーダーがしっかりとした信念を持ち、理想像を描き、子どもに深い愛情を持っていれば、必ず子どもたちは強くなれる。私はそう信じています。

自分はいったい何がしたいのか――教師への道

私は大阪市住吉区にある、府立阪南高校で青春時代を過ごしました。節分参りで有名な「我孫子観音」がある街です。

大学に進学して教師になる。それは中学生の頃から抱いていた夢でしたが、その一方では父のような警察官になりたいという気持ちも捨てきれませんでした。

進路を決める高校三年生になりました。私には、当時真剣につきあっていた同じ年の彼女がいました。

彼女から、卒業後は短大に進学し保育士を目指す、ということを聞き、私は彼女が先に社会人になると男として釣り合いが取れなくなるのでは……と思ったのです。そこで高校卒業後、警察官になり、彼女より先に社会人になることを決め、願書を勝手に出してしまいました。

ところが両親は、私が警察官になるにせよ教師になるにせよ、ともかく大学に進学するものと思っていたので、私の選択にかなり驚いたようです。

「どうして大学に進学しないのか？」

父に、大学に進学しない理由を聞かれても、思春期の真っただ中の私には気恥ずかしくて答えられません。つらくなった私は〝よし、家を出よう！〟と決心しました。

そして、翌日からの夏休みに入るとすぐに家を飛び出したのです。勢いで家を出たはいいのですが、行くあてなどありません。飛び乗った電車に揺られていると、滋賀県の余呉《よご》湖《こ》に面した余呉という無人駅に辿り着きました。家を出るときに持っていたお金はすっかりなくなり、日も暮れておなかもすいてきました。

無人駅のベンチに腰かけていると、ホームに箱があるのを見つけました。中をのぞくと、そこにはたくさんお金が入っています。駅員がいないので、電車を利用した人たちが運賃を勝手に入れていくのです。それを見たとき、私はあらぬことを考えてしまいました。

〝このお金があれば、何か食べることができる。どうせ誰も見てないやろう〟

私は箱の中に手を突っ込み、何枚かのお札をつかみました。しかし、さすがに頭の中には父の顔が浮かびました。

〝こんなことをしたら、父の顔を汚すことになる。まして俺は警察官になろうとしてるんや。やっぱりアカンわ〟

一瞬手でつかんだお金を、私は再び箱の中へと入れました。そのときです。

「お前さん、何をしてるんや？」

という声が聞こえました。振り返ると、そこには一人のお坊さんが立っていました。そのお坊さんは、私の一部始終をずっと見ていたのです。正直に話したところ、とにかくついてこいと、近くの村にあるお寺に連れて行ってくれました。

私のことを面白い奴だと思ってくれたのか、私はそのお寺で夏休みのほぼすべてを過ごさせてもらうことになったのです。親が心配するだろうからと、住職が自ら電話をかけてくれました。「ともかくこういう経緯ですから、息子さんをしばらく預かりましょう」と。すると母親は「どうぞよろしくお願いします。何でも使ってやってください」と言ったそうです。

このような状況でも、母は私のことを信頼している。私は感謝の気持ちでいっぱいでした。冷静になって人生を考える時間を与えてくれたのだと思います。怒鳴り散らしたり、取り乱したりせず、どっしりかまえて私を信頼してくれた。本当に素敵な両親です。

翌日から、お寺での生活が始まりました。朝は日の出とともに起き、お寺や山門の掃除をします。慣れないうちは寝ぼけ眼でしたが、次第に掃除をすることが楽しくなっていきました。山門を掃き清めることで、自分の精神をも清められるような気分になる。こんな経験は初めてでした。

掃除が終わると朝ごはんをいただき、住職からその日の指示を受けます。「投網を打って、捕れた小魚を佃煮にしているところがあるから、今日はその仕事を手伝ってきなさい」「今日はご近所の農家が野菜の収穫をする日だから、そこに行っておいで」、お盆が近づくと「蓮の花を取りに行くから、一緒に行っておいで」といった指示を受けます。

いろんなところで仕事を手伝わせていただき、そこで昼ごはんを食べさせてもらう。そしてお寺へと帰ってくる。お昼からはまったくの自由時間です。昼寝をするもよし、近所を散歩するもよし、何もない時間を私は生まれて初めて経験しました。高校生でこのような時間を過ごすことなど、おそらくは考えられないでしょう。普通の高校生ならば、勉強があったり部活があったり、あるいは友達と遊びに行ったりと、忙しい夏休みになっていたはずです。しかし、この何もない時間を過ごすことで、私は多くのことを考えることができました。自分が本当にやりたいことは何なのか。自分らしく生きていくためには、どのような努力をするべきなのか。そして、自分とは何者なのか。人生について、自分の進むべき道について、真剣に考えるという作業ができたのです。

思春期にはいろんな迷いが生まれるものです。大きな夢を見ることもあれば、自信を失ってしまうときもある。自分の存在意義が見えなくなることもあるでしょう。そういう悩みに対して、親や教師は何らかのアドバイスをしてあげたいと思う。それは大切なことですが、本人自身に考えさせる時間を与えることも重要だと私は思っています。まずは、自分がどうしたいのかを自分自身で考えること。そして「自分はこうしたいんだ」という結論が出たら、それをサポートするように周りの大人が動けばいい。大人の考えを一方的に押しつけるのではなく、何よりも本人に徹底的に考えさせること。それもまた、導くということなのです。大人は腹をくくらなければなりません。

ある日住職が、二冊の参考書を私に渡してくれました。『試験にでる英単語』と『試験にでる英熟語』です。受験勉強をする学生ならば、誰もが知っていた参考書です。それはお寺の息子さんが大学受験のときに使っていたものでした。ぼろぼろになった二冊の参考書を私に手渡し、住職は言いました。

「お前は警察官になると言うけれど、もしかしたら大学に進むかもしれんやろ。昼から晩飯までは自由にさせてやるから、その間は勉強しなさい」

私は住職の言うとおりに、毎日午後からは勉強することにしました。といっても、参考書はその二冊だけです。受験への漠然とした不安もあり、来る日も来る日も、いただいた英単語と英熟語だけを暗記しました。後日談ですが、このときに集中して行った英語の暗記勉強が、後の英語試験で高得点を生み出しました。一点集中・一点突破のすごさを私は体感したのです。これは、後のクラブ指導の原体験にもなっています。

夕食がすみ、夜になると、住職からいろいろな話を聞きました。その話が人生のコツというか、原理というか、当時の私には最高の刺激と生きた勉強になりました。

こうした生活をするうち、私はハッと気がついたのです。〝やっぱり俺は教師の道に進みたい〟。大学に進学して、卒業して教師になってから結婚すればいいんや〟まったく当たり前のことですが、この結論に辿り着くまでに四十日もかかったというわけです。若さというのは、このようにして足踏みをするものなのでしょう。その足踏みする姿を、住職は何も言わずに見守ってくれていた。あの日住職に出会わなかったら、私の人生はまた別の方向を向いていたかもしれません。本当に感謝の一言です。

生徒を応援する姿を見せてくれた先生

住職に何度もお礼を言い、私は寺をあとにし、家に戻りました。その日を境に、私は受験勉強に打ち込みました。とは言っても、それまでの勉強の遅れは簡単に取り戻せるものではありません。

すでに高校三年の二学期。いまからでは間に合わないことは私もわかっている。それでも私は大学に進学して教師になりたい。その気持ちを担任の先生にぶつけると「よっしゃ！俺にまかせろ！」と言ってくださり、すぐに他の先生方に協力を仰いでいただけました。

「うちのクラスの原田が、一念発起して大学受験をしたいと言ってるんや。時間がないのはわかってるけど、何とか合格させてやりたい。みんな、協力してやってほしい」

担任の先生の一言で、たくさんの先生が手を挙げてくれました。英語、数学、生物、世界史、現代国語など、その年から共通一次試験が導入されていましたので、五教科七科目すべてをやらなくてはなりません。それでも一人ひとりの教科の先生が、まさにマンツーマンで勉強を教えてくれたのです。早朝、昼休み、授業が終わった夕方からです。おまけに参考書を買うのは負担になるだろうと、先生方が自分の参考書を私にくれました。先生にすれば、私に勉強を教えたところで、何らかの手当てが出るものでもありません。まったくの好意だけです。頑張っている生徒を応援してやりたい。ただその一心で教えてくれたのです。冬休みのお正月に自宅に招いてくれた先生もいました。

その代わり、勉強はすさまじく厳しいものでした。各教科の先生から出される宿題も半端ではなく、睡眠時間は三、四時間も取れればいいほうでした。自分はこんなにも勉強できるんだ。自分で感心するくらいに半年間の受験勉強に猛烈に打ち込みました。

大学に合格したい、ただその思いだけではありませんでした。こんなにも一生懸命に指導してくれる先生や住職、家族に報いたい。その期待に応えたい。そういう気持ちで頑張っていたことを思い出します。

受験の結果は厳しいものでした。国立大学の試験が始まる前の、私立大学の受験にはことごとく不合格となりました。それでも最後の最後に、一番行きたかった奈良教育大学への合格を果たせました。はっきりと言えば、そのときの私の実力では合格できるような大学ではありません。それが、見事に合格したのです。

先生方は心から喜んでくれました。そして口々に「よう頑張ったなぁ！」「すごいぞ！原田」とおっしゃったものです。この私の合格は、いまだに阪南高校の受験指導のときに語り継がれていると聞きました。面映ゆい気もしますが、それくらい先生たちにとっても記憶に残る出来事だったのでしょう。

先日、その阪南高校が五十周年記念の記念誌を発刊することになり、執筆を頼まれました。そのときに私は、いまの自分があるのはあのときの先生方、友達、住職、そして家族のおかげだと改めて思い、書かせていただきました。当時の先生たちがいかに生徒のことを思っていたか。その心を伝えたかったのです。生涯忘れられないような思い出を、先生と生徒が一緒になって作ってほしい。その思い出があれば、人生の困難なときもきっと乗り越えることができる。学校とはそういう場であってほしい。それが私の願いです。

高校時代の多感な時期を、阪南高校で過ごすことができた。四十日間の夏を湖北の寺で過ごすことができた。そして、時に悩む私を両親は温かく見守ってくれた。私の人生の基盤となるもの、教師人生の礎となるものが、わが高校時代にはあったのです。

新米教師の奮闘

奈良教育大学に入学すると、私は体育教師になるべく勉学に励みました。大学生活はすべてが素晴らしく毎日が充実し、楽しくて仕方がありませんでした。

これまで私を導いてくれた小学校、中学校、高校の先生方。その先生方に報いるためにも、自分は立派な教育者になるんだ。その一念で学生生活を送りました。その甲斐があり、私は大学の教授からも高い評価をいただいていました。

大学三年生のときは、出産が近づいておられた女性教師の補助として、体育の講師も経験させていただきました。実際の現場で授業の実践が積める上、講師料までいただける。

それは何とも嬉しい経験でした。

そしていよいよ、正教員として中学校に赴任が決まりました。〝よし、これからが本番だ。大学で身につけた体育のスキル、ノウハウを発揮して、生徒たちと楽しい学校生活を送るんだ。子どもに好かれる人気教師になろう〟と、希望に満ちあふれて赴任先の中学校に向かいました。最初の赴任中学校は、大阪市でもっとも生徒数が多いマンモス校です。全校生徒は約千六百人。教師を合わせた職員数も百名近くにもなる中学校です。そして当時、この中学校は多くの問題を抱えていました。

「集合！」と声をかけても数人しか集まってこない。体操着にも着替えずに、教室でぶらぶらしている生徒もいる。服装は乱れ、巡視すると煙草の吸殻が落ちている。授業以前に、まずは生活態度を直さなければならない。私は徹底的に生活態度の改善に努めました。朝の登校時から校門に立ち、生徒一人ひとりの服装をチェックする。反抗的に向かってくる生徒に対しては厳しい指導で対峙しました。とにかく必死でした。

子どもの乱れの多くは、その家庭に問題があるものです。いくら注意しても煙草をやめようとしない生徒がいました。いくら言っても無駄だろうと、見て見ぬふりをする教師もいました。私は持ち前の正義感から我慢できずに、その生徒の首根っこをつかんで自宅まで行きました。

「煙草くらいでガタガタ言うな。親が許してるんやから、先生は口出しすんな。これからは学校では吸えへんように言うとくから」

そう開き直る親は、あきらかに「その筋」の人間でした。それを知っているから、他の教師は難を避けて注意をしなかったわけです。それでも私は絶対に引き下がらなかった。煙草は体に悪いだけでなく、非行への入り口にもなる。社会のルールを守ることをこの時期にしっかり教えなければ、それこそ真っ当な大人にはなれない。そういうことを、私は真剣にその親に訴え続けました。何度もその家に出向きました。しつこいくらいに親と対峙したのです。

「わかった。先生が本気やというのは、よくわかった。こんなに真剣に子どものことを考えてくれた先生は初めてや。今日からは煙草をやめさせる！」

その親はついには、私に感謝の気持ちを伝えてくれました。でも、私は親に感謝されるためにやっているのではない。ただ純粋に子どもに幸せな人生を送ってほしい。それだけでした。

遅刻を繰り返す子どもに対しては、毎朝電話をかけて起こしました。電話に出なければ、その子の家まで迎えにも行きました。それでも遅刻を繰り返したときには、

「先生は明日から、お前の家に泊まりに行くぞ！　それで先生と一緒に毎朝学校へ行くん

や。お母ちゃんに言っておけ！」

実際に泊まりに行ったことも何度かあります。私のその迫力に親も子どもも驚きました。「原田先生は本気や」という噂は一挙に広がり、効果はてきめんでした。ところが、陸上部にいたある兄弟だけは、なかなか遅刻が直りません。私は毎朝、その兄弟を迎えに行くことにしました。親は夜の仕事をしているらしく、朝には家にいない。朝ごはんを食べることもない。私は早めにその子の家に行き、近所のドーナツ店でドーナツを一緒に食べてから登校していました。

私が行く日には起きて待っているけれど、迎えに行かない日は必ず遅刻をする。それでまた次の日は迎えに行く。そんなことの繰り返しでした。でもそれは、その子がだらしないからだけではなかったのです。

「先生と一緒にドーナツを食べたかったんです。だから自然と、遅刻をやめなかった。遅刻しなくなると、先生が来てくれなくなるから。本当にごめんなさい。僕は、先生と一緒に食べたドーナツの味を一生忘れません。先生、ありがとう」

卒業式の日、彼はそう言って泣きました。私も嬉しかった。彼の「ありがとう」という言葉は、教師としては最高の贈り物です。

ところが一方では、私に対して敵対心をむき出しにする生徒もいました。千六百人の生徒一人ひとりと向き合うことなど当時の私の力では不可能です。私の厳しい指導に反抗する生徒が多くいたことも事実です。あるとき校舎のそばを歩いていると、

「原田!!　死ねー」

という叫び声が上のほうから聞こえました。反射的に見上げると、三階から机が私に向かって投げられました。私の目の数センチ先を机が通り過ぎていく。スーッと冷や汗が出たものです。もしも机が直撃していたら、大怪我だけでは済まず、命の危険さえあったと思います。また自宅には「殺す」という強迫電話が深夜にかかってきました。休日には「死ね」という手紙も届きました。

そういう目に幾度となく遭いながらも、私は生徒指導に真剣に取り組みました。生徒のために自分は何ができるのか。どのように導いてやれば立ち直ることができるのか。日々考えることはその一点だけです。教師たるものは常に真剣勝負をしなくてはいけない。そんな信念があるから、私はいい加減にやる先生や、サボる先生たちがどうしても許せませんでした。

「明日はゴルフだから休む。休日や有休は権利なんだから、別に文句を言われる筋合いはないだろ」

学校が大変な状況にあろうが、生徒が助けを求めていようが、そんなことは自分には関

係がないような顔をしている。もちろん教師にも生活があります。休日は権利として与えられている。それは十分にわかっています。何も聖職者になるべきだと言うつもりもありません。

しかし私の中では、やはり教師は他の仕事と同じように考えてはいけないような気がするのです。若かった私は、そういう主張を職員室でよく泣きながら交わしました。とにかく純粋な若者でした。でも、その純粋さこそが、教師には必要だという信念は、いまでも持っています。

自分が変わらなければ、何も変わらない

さて、いかに生徒のことを考えようとしても、さすがに千六百人もの生徒に目を配ることは困難でした。あからさまに私に反抗してくる生徒はわかりやすいのですが、表面上はおとなしくても、実は家庭などで問題を抱えているという子どもがいるものです。

あるとき、私の教師人生を揺るがすような事件が起こりました。入学当初から、課題のある生徒がいました。施設にも入所していましたが、卒業を控えて、中学校に帰ってきました。ところが、その生徒は家族に暴力をふるいだし、それがどんどんエスカレートして

いき、ついには刃物を持ち出すまでになっていました。

そしてそれが限界に達したのです。家族がこの生徒を殺《あや》めてしまったのです。

この衝撃的な事件は、全国に流れました。連日のように取材陣が押し寄せ、学校は混乱をきたしました。カメラマンが教室にも平気で入り込み、撮影した映像はその日のワイドショーで流されました。

進学と卒業が近づいていた不安定な時期でもあり、当然のことながら、生徒たちは動揺し、荒れていきます。教室のガラスは割られ、注意をすると教師は殴られました。それは、たいへんつらい日々でした。

初めて私は、学校に行くことがイヤになりました。学校では常に身の危険を感じ、一瞬たりとも神経が休まることはありません。私は、日に日に元気を失いました。

朝起きて家を出ようとすれば、心臓がドキドキしてくる。汗がだらだらと出てきて、やがては視野が極端に狭くなってくる。典型的な自律神経失調症か何かの症状だったと思います。そんな神経の状態になれば、教育への思いが吹っ飛んでしまいます。ともかくここから逃れたい。いや、逃れなくては自分が壊れてしまう。それはまさに恐怖にも似た感情でした。

教師になって三年目。私は両親に初めて弱音を吐きました。

「お母ちゃん、今日は学校休むわ」

「あんた、休むじゃなしに、辞めるのか」と、母は言いました。

「わかるんか」

「わかるよ、親子やで」

そして母は、こう言いました。

「どうしても辞めたいと思うのなら辞めたらええ。私もお父さんも、あんたが絶対に教師を続けなければいけないとは思わない。でも、一つだけ言えることがある。もしも教師という仕事から逃げたいがための転職なら、それはアカンよ。目先の仕事を変えても、いいことは生まれんよ」

「じゃあ、どうしたらいいんや」

「目先のものを変えるんやなく、自分を変えなさい。あんた自身が変わらなかったら、いくら仕事を変えても同じことや。いつかまた、そこから逃げることになるよ」

これまでの人生で、一度も私を叱ったことのない母。いつも私を見守り、すべてを受け入れてくれた優しい母。その母がきっぱりと言いました。

母の言葉で、私はハッと我に返りました。

「そうや、ここで辞めたら負けや。もう一度自分を試してみよう。自分の力がどこまで通じるかやってみよう。それでもダメだったら教師を辞めよう」

どうして自分は教師になろうとしたのか。そこにどんな夢を持っていたのか。改めて自分に問いかけました。同時に、いままでお世話になった先生たちの顔が浮かんできました。

周りを変えるためには、自分自身を変えなければならない。自分が変わらなければ、何も変わることはない。

「自分に気づいて、相手に気づく」「自分が変わると相手が変わる」という原則、「主体変容」という言葉が、このとき、私の教育と人生哲学の中に生まれたのです。

過酷な体験の中で、私は教師人生をスタートさせました。想像をはるかに超えた精神的に苦しい状況がありました。しかし私は、そこから逃げ出すことなく、自分という主体を変えるべく努力をしてきた。だから私は言い続けるのです。

「まずは自分を変えてみよう」と。

第二章
わたしが目指す人間像

自立型人間を育てたい

本当の意味で自立した人間を育てたい。それが私の目標であり、そこにこそ人生を賭ける価値があると信じています。

私が教師となって三校目に赴任したのが、大阪市立松虫中学校でした。松虫中学校は大阪市の阿倍野区と西成区に位置している学校です。ご存じの方もおられると思いますが、校区には、いわゆる日雇い労働者の方々がたくさん住む地区があり、学校に隣接する公園には当時からホームレスのテントが並んでいました。

そこにはかつての遊郭などの名残もあり、繁華街にはゲームセンターなども立ち並んでいて、当時は多くの問題を抱えていました。赴任してすぐに、私は毎朝校門に立ち、登校してくる生徒一人ひとりに声をかけました。

「おはよう」と私が挨拶しても、ぎらぎらした目でにらみ返してきます。

「こらっ！　ちゃんと挨拶しろ！」と言うと、斜め下からにらみつけながら、蚊の鳴くような声で「うっす」と言うだけ。心がすさんでいることは、すぐに見て取れました。

時には、通学カバンの中から軍隊の特殊工作員が使うようなサバイバルナイフが出てきたこともありました。刃渡りはゆうに三十センチを超えるでしょう。バタフライナイフなどという、かわいいものではありません。そのようなものを生徒は学校へ持ち込むのです。これにはさすがの私も驚きました。また、校内の食堂には、昼前から卒業生がたむろし、在校生を平気で使い走りにしていました。食堂の座席は三年生によって勝手に決められており、もし下級生が間違ってその席に座ると、暴力による制裁を受けました。いわゆる縄張りがあるのです。

こういう子どもたちを立ち直らせるためには、まず校内に平和と秩序を復活させなければなりません。すなわち一線を厳しく引くのです。校内で許されるのはここまで。これ以上は警察と協力し、法をもってでも罰する、という姿勢と指導を徹底します。この一線が崩れると、校内で白昼堂々と、力のない弱い生徒たちがひどい目に遭うのです。私は絶対に許しませんでした。

ただし、厳しく指導するだけではダメです。厳しい指導で押さえつけて、たとえ学校の中ではおとなしくなったとしても、学校の外へ出たり、卒業してからはまた同じことを繰り返すでしょう。心の内面に働きかけ、心から変えていかないと、彼らは立ち直ることはできません。

はじめの一歩は未来を見据えること

内面を変えるにはどうすればいいのか。その一つは人間の土台となる、人格形成です。すなわち、人としての当たり前を教える。家庭でのしつけと同じです。そして人格の土台の形成と同時に行うのが、夢づくりです。それぞれが未来への夢を持ち、自分で立てた目標や理想に向かって進んでいく。その過程に、彼らを立ち直らせる道があります。

心がすさんでいる子どもの多くは、自らの過去と現在を否定しています。家に帰れば、働くこともせずに酒ばかり飲んでいる父親がいる。母親は夜の仕事をしているため、手料理など食べたこともない。勉強や部活動などとは縁のない生活を送ってきた。中学生になれば何かが変わるかもしれないと期待していたけれど、取り巻く状況は簡単には変わらない。もちろん高校に進みたくとも、そんな余裕が家にないことはわかっている。未来への希望が見つからない。彼らはそういう過去と現在の中で、もがいているのです。

でも、本当は過去のことなんかどうでもいいのです。すさんだ過去の延長上にとらえた、自信のない現在のことさえも関係がない。

大切なのは未来です。中高年や老年にさしかかると、過去にとらわれることもあるでしょう。しかし、彼らはたかだか十四、五歳です。これから何十年という未来を歩いていける。こんなところであきらめたり、自暴自棄になったりしている場合ではないのです。

荒れている生徒たちを中心に、私は陸上部への入部を呼びかけました。半ば強引に引っ張り込んだ生徒もいます。

「お前、高校に行きたいんやろ」

「そりゃあ、行けるもんなら行きたいよ」

「よっしゃ！　じゃあ、陸上部に入って陸上、頑張れ」

「何を寝ぼけたこと言うてんねん。うちには高校へ行くお金がないんや」

「だから、陸上、頑張るんや。一生懸命に練習して、全国レベルの選手になったら、私立の高校から誘いが来るんや。頑張ったら奨学金をいただいて、授業料もタダや。おまけに全国で一番にでもなってみろ。練習に必要なお金も出してくれるんやぞ」

「それ、ほんま？　俺も頑張ったら高校へ行けるんか？」

「そうや。俺が何としても行かせてやる。そのかわり、死ぬ気でついてこいよ」

「わかった。俺、やってみるわ」

夢が芽生えた瞬間です。過去と現在を否定し、未来を思い描くことができなかった。このままでは高校にも行けずに、社会の片隅で生きていくしかない。そうあきらめかけていた。しかし自分が頑張れば、もしかしたら別の未来があるかもしれない。まずはそう信じさせることが、夢を持たせるということだと私は思っています。

「こうすれば良くなる」というアドバイスができる人はたくさんいます。たとえば希望の大学に行きたいという生徒に対して、多くの先生はこんなアドバイスをします。

「君は英語の点数が六十点だな。希望の大学に行くためには七十点取らなくてはいけない。あと十点上げるためには、こういう勉強をすればいい」と。

たしかにこのような指導は基本です。ただし、それだけでは強烈な動機づけにはなりません。ただ点数を十点上げるためだけに、子どもというのは苦しい努力ができません。私はいつも、その先の夢を語って聞かせました。

「頑張って勉強して、あの大学に行ってみろ。あそこの大学に入ったら、自分のやりたいことや夢に一気に近づけるぞ。おまえ、将来○○になりたいって言ってたやろ。夢を叶える可能性、大きくなるで」

漠然と「一流企業に就職できる」と言うのではなく、子どもが将来なりたいと思っているもの、叶えたいと思っていること、それに近づくために高校へ進学し、大学に行くという選択肢があることをきちんと伝えると、子どもは考え出します。そしてやる気を持つのです。それを教えてあげることが重要だと思っています。

信じて信じて信じて待つ

いま、日本の老人介護の現場には、いろんな国から人が入ってきています。特にアジア諸国からは、日本で介護の仕事に就きたいと、多くの若者たちが研修にやってきます。

もちろん彼らは流暢に日本語が話せませんから、意思の疎通には多少の難があります。お年寄りたちが望んでいることに、的確に反応できないこともあるでしょう。にもかかわらず、タイやインドネシアの介護職の人たちは、お年寄りたちに人気があるというのです。

言葉も通じにくいし、生活習慣なども違う。なのに、どうしてお年寄りから信頼されるのか。それは､彼らはじっくりと待ってくれるからだというのです。食事ひとつにしても、人それぞれで食べる速さは違います。さっさと食べる人もいれば､時間のかかる人もいる。食事を時間内に食べようと努力しても、うまく体が動かない人だっています。

一人ひとりのペースに合わせて、決して急かすこともなくじっくりと待ってくれる。そこにお年寄りたちは大きな安心感を抱くのです。もちろん日本とインドネシアでは社会のスピード感が違います。スピーディーな日本に比べて、とてもゆったりとした時間が流れている。私も昨年、インドネシアを視察で訪れましたが、本当にのんびりとしていました。アジア諸国との比較はさておき、やはり教育現場においても「待つ」ということは重要なことです。私は高学歴のエリート教師ではありません。頭の切れる優秀な教師はたくさんいます。でも、私は絶対に負けないことがある。それは、生徒がわかってくれるまで待つことができる、ということです。忍耐力です。

荒れている学校を建て直し、何百人という心のすさんだ子どもたちを立ち直らせた。そのことは事実ですし、周りはそれを称賛してくれます。しかし、私は特別な方法論を編み出したわけでもないし、魔法のように立ち直らせたのでもない。ただ時間をかけて、彼らが立ち直るまで待っただけなのです。

荒れている学校やクラスを、一ヶ月や半年で劇的に変えるなどということは不可能です。どんなに頑張っても一年はかかる。だから私は赴任すると、「一年は時間をください」「一年後の生徒の姿を見てください。必ず立ち直らせて卒業させますから」と周囲の先生には言っていました。中には「原田先生はカリスマ教師なんだから、三ヶ月くらいで何とかしてください」と言う先生もいましたが、私はスーパーマンではありません。それに、そんなに簡単にやれるのだったら、荒れた学校など存在しないでしょう。

待つというのはしんどいことです。待っても待っても生徒はいっこうに良くならない。

そこでイヤになってあきらめてしまう。同じことを何度も言うのは面倒くさい。だから、いつのまにか言わなくなってしまう。でも、教師があきらめてしまったら、もうそこでおしまいなのです。

私は待つことがまったく苦になりません。「スパルタ教師」などと言われ、性格も短気なように思われがちですが、実はとても辛抱強く、待つことが苦になりません。表面上は厳しい口調で叱りますが、心の中では〝変わるまでいつまでも待っててやるからな〟と腹をくくっているのです。その代わりに、同じことを何百回でも言います。

「先生、それもう百回も聞いたで。一回言われたらわかるから、何べんも注意せんといて」

「いいや、いかん。お前らが完全に守るまで、何べんも言う。守るようになるまで、何千回でも言うぞ！」

本当に私は同じことを何百回でも言います。ついに生徒が「もう、わかった。もう、言うことを聞くから」となりますが、そこまでに一年はかかるということです。

どうして私にそのような資質が身についたのか。それはやはり、両親が私を待ち続けてくれたからです。

「隆史には隆史にしかない、ええところがある。いまはまだそれが出ていないけれど、絶対にいつかその良さが出てくる。それまで待ってやるのが親の務めや」

両親はそんな信念で私を育ててくれました。男兄弟、二人。それも三歳違い。普通ならばついつい比較をするものです。私の兄は勉強も優秀でスポーツ万能。小学校の頃から児童会長に選ばれるのが当たり前。陸上競技の世界でもエリートアスリートとして知られ、四百メートルハードルでは全国レベルの有名選手でした。

弟である私は人が苦手で、勉強も嫌い。兄に憧れて陸上部に入りましたが、何の実績も残すことがありませんでした。それなのに両親や兄から、

「お前はアカンな。お兄ちゃんみたいに頑張ってみろ」

などと言われたことは一度もありません。

「お兄ちゃんはお兄ちゃん。お前はお前なんやから、何にも気後れする必要はないで。お前がお兄ちゃんに勝つことだって、きっとたくさんあるはずや」

大人になって、兄も私も教師になりました。選手としてトップクラスだった兄は陸上部の顧問となり、日本一の選手を育成しました。そして陸上選手としては芽が出なかった私も陸上部の顧問となり、十三度も生徒を日本一に導くことができました。私には指導者としての資質が備わっていた。もちろん、小さい頃にはそんな資質があるなんてわかるはずもない。でも、この子もきっと素晴らしいものを持っている。そう私を信じて両親が待ってくれたからこそ、私はその資質に辿り着くことができたのです。

何度も生徒を日本一に導く私の姿を見て、一番喜んでくれたのが兄でした。周りの先生たちにも「あの原田というのは、俺の弟や」と自慢げに話をしてくれたそうです。おそらく兄としても、できない私を心配していたでしょう。〝こいつ、大丈夫かなあ。大人になってから、ちゃんとやっていけるかなあ〟と私には言わなくとも、兄は気にかけてくれていたはずです。でも兄も、じっと待っていてくれた。私が追いかけて、追いついて、そして結果を出すまで待っていてくれた。そこに私は、言葉では言い表せない深い愛情を感じるのです。

そうです。待つという行為の裏には、深い愛情がなくてはなりません。簡単に待つことをやめたり、しつこく注意することを面倒くさがったり、それは愛情が足りないことの証明です。良い方向に向くまでじっと待ってあげる。その子の可能性が見つかるまで待ってあげる。それこそが、親や教師が心がけるべきことなのだと私は信じています。

教育する側の者が持つべき資質は「忍耐力」だと断言できます。

すべての子どもに可能性がある

「お宅の息子さんを陸上部で預からせてください。きっと私が日本一にしてみせますから」

生徒を入部させるために、親の説得に行くこともしばしばでした。

「日本一やと。何を寝ぼけたこと先生は言うてるねん。俺の息子やで。こいつが日本一なんかになれるわけがない。もう、うちのことは放っておいてくれ。こいつは中学を卒業したら働かせるんやから」

そういう親に何度も出会ったものです。自分の子どもの可能性をまったく信じていない。そんなものがあるはずはないと決めつけている。親自身が過去と現在によって子どもを縛りつけている。夢なんか見るなと言っているわけです。親から未来を否定されて、弱気になっている子どもに私は言います。

「お前の親はああ言ったけど、俺はそうは思わへん。どうや、やってみないか」

そう言って、親の考え方からいったん切り離します。これは強引なやり方だと思われるかもしれませんが、親自身もとらわれてしまっている負の連鎖を止めなければいけません。親の言うがままではなく、自分で考え、自分で責任を持って行動をする。自立した人間へと歩き出させる。そのためには時に、親の考えに私が異議を唱えるということもしてきました。そうやって、子ども自身や親を説得しながら、夢を失くした子どもたちを陸上部へと引っ張ってきました。

どうして陸上競技だったのか。もちろん私自身が陸上選手だったということもありますが、私は選手としては決して一流とは言えませんでした。兄を慕い、兄が陸上競技で華々しい活躍をしていたので、何となく私も取り組んでいたというのが本当のところです。ただ、指導者としては陸上競技は面白い。たとえば野球やサッカーなどという競技は、上手下手がはっきりとしてきます。それは、生まれ持った才能に大きく影響を受けるという類のものです。足の速さや肩の強さなど、いわゆる運動能力が必要です。

ところが、陸上競技は少し違います。陸上と聞くと、走ることばかり思い浮かぶでしょうが、陸上競技にはフィールド競技があります。砲丸投げや槍投げ、幅跳びや高跳び。砲丸投げの選手は必ずしも速く走る必要はないし、太っていてもまったく問題がない。自分の体格や運動能力に合った種目を選ぶことができるのです。

あるとき、運動に自信のない生徒が陸上部に入ってきました。小太りの体で、鉄棒の懸垂が一回もできない。その頃には松虫中学校の陸上部は有名でしたから、憧れもあって入部してきたのでしょう。部活動にはサボることなく毎日来るのですが、どこか練習には真剣さが足りません。おそらくは、自分自身の中に夢を見出せなかったのでしょう。陸上部には所属しているけれど、どうせ自分は一番になんかなれるはずはない。そんな気持ちが伝わってきます。特に心がすさんでいるわけでもなく、家庭にも問題はない。つまりは、強烈な動機づけが見つからないわけです。こういう生徒の夢のスイッチを入れるのは、なかなか難しいものです。

砲丸投げをやっていたのですが、鉄棒の懸垂さえできないのですから、大会に出てもなかなか活躍できません。いつも先輩たちの活躍を見ているだけでした。その彼が慕っている先輩が三年生にいました。その先輩も、もとは優れた運動能力があるわけではなかった。それでも、絶対に一番になりたいという強い気持ちで練習に励んでいました。三年生最後の大会、その先輩は「今日の大会で、俺は中学日本新記録を投げて優勝する」と宣言しました。絶対記録を出してほしいと祈るように観戦していた部員たちの目の前で、その先輩は見事に中学日本新記録を出したのです。

この出来事で、彼の夢へのスイッチが入りました。

「先生！　僕はわかりました。夢って叶うんですね。僕も明日から真剣に練習してみます」

それからの彼の練習はすごいものでした。一回も懸垂のできなかった子が、二十キロの重しを担いで、二十回の懸垂を三セットこなせるまでになったのです。そして彼が三年生になった最後の大会。身長で十二センチ、体重で五十キロも差のある選手を相手に、まさかの大逆転で優勝、日本一の栄冠を手に入れたのです。記録は十五メートル七十八センチ。中学歴代六位の記録でした。

子どもの可能性というのは計り知れないものです。すべての子どもには、大きな可能性がある。それを大人が引き出してあげなくてはならない。ましてや、つぶすようなことをしては絶対にいけない。すべての子どもが夢を持つことができるのです。また、夢を持たなければなりません。その夢が描けるように、親や教師は応援してあげなくてはなりません。だからこそ、常に子どものことをしっかりと見ていなくてはならないのです。その子の夢の種は、どこにあるのか。大人たちは常にその場所を探し続けることが大切なのです。

努力は自分の夢に向かって

このようにして、私は松虫中学校陸上競技部で、多くの生徒を日本一に導いてきました。

しかしその事実が一人歩きして、誤解されることもありました。

「原田先生の指導は日本一を目指しているから、ものすごいスパルタらしいよ」

「生徒を日本一にするのは、自分がいい思いをしたいからじゃないの」

そんな声が聞こえてくることもありました。別に私は何を言われようがかまいません。

何よりも、生徒たちはみんな私の本当の思いを理解してくれていました。

「日本一になることだけが目標やないぞ。日本一を目指したい者は頑張って目指せばいい。でも、それがすべてじゃない。大切なことは、一人ひとりが自分で考えた自分らしい、大切な目標を持つことや。人と比べるんやない。自分の内面と対話することや。先生や親から与えられた夢に向かうんじゃなく、自分で決めた自分の夢に向かって努力することが一番大切や」

ある年、生まれつき、股関節の弱い女子生徒が陸上部に入ってきました。少し激しい動きをするだけで脱臼を繰り返す。陸上競技など無理だと医者には言われ、親もやめてほしいと思っていたのですが、彼女には夢がありました。それは、どんな小さな大会でもいい。一度でいいから入賞したい。表彰状がほしい、というものでした。それはある人にとっては、小さな夢だったかもしれません。でも、夢には大きいも小さいもない。彼女が抱くその大きな夢を、部員たちはみんな応援をしていました。

そして三年生の夏、彼女は引退試合であるブロック大会に出場しました。種目は二百メートル。この日のために、練習を積み重ねてきました。彼女は夢に向かってスタートを切りました。一生懸命にトラックを走る姿を見るだけで、私は泣きました。涙をこらえることができなかった。そして彼女は、見事に三着でゴールラインを通過したのです。

応援していた部員たちは、みんないっせいに立ち上がりました。力いっぱいの拍手を送りながら、全員、号泣しました。

「すごいぞ！」

「ようやったな！」
「夢が叶ったぞ！」

部員たちの声はやむことがなかった。あのときの感動を思い出すと、いまでも私は涙があふれてきます。夢って、すごいものだなあ。素直にそんな気持ちになれるのです。

大人は、子どもたちに夢を語ってほしい。夢の素晴らしさを伝えてほしい。そして、夢に向かう勇気を与えてほしいと、心から願います。

目標・目的を持って夢を叶える

「日本の大人の夢調査」というものがあります。「あなたは将来にどんな夢を持っていますか？」「二十年後、三十年後の夢を聞かせてください」という調査です。この調査を見てわかることは、日本人はどうやら長期的な夢をあまり持っていないということです。一年後、二年後の夢というものはある。もっと言うなら、三ヶ月後や半年後の目標は明確に持っている。しかし、二十年後と聞かれると、なかなか答えが返ってこないというわけです。

その原因は、やはり家庭や学校の教育に由来していると考えられます。つまりは、目先の目標ばかりを提示して、その先にあるものを教えてこなかった。今度の中間試験に向けて頑張りましょう。来年の受験のためにこうしなさい。もちろんそれも大切なことですが、もっと先の未来に何があるのかを考えさせることをしなかった。そういうことが原因で、三ヶ月後の目標を設定するのは得意だけれど、二十年後は考えられないという大人が増えていったのです。

人生の目的とは何なのか。私たちは何のために生きているのか。そして自分の夢はどこにあるのか。そのことに向き合うことが自分の「人生経営」だと私は考えています。その大きな目的を達成させるために、目の前の目標を一つ一つクリアしていく。その両方があればこそ、良き人生と言えるのではないでしょうか。

私は教師時代に、「目標設定用紙」というものを独自で開発しました。まずはしっかりとした目標を子どもたちに持たせたかったからです。学校では勉強も運動もせずに、町でケンカばかりしている。そんな生徒があふれている状態でした。

「お前、毎日ケンカばっかりして、楽しいか？」

そう聞くと、ほとんどの生徒は答えます。

「別に楽しいことなんかないけど。他にやることもないし。どうせ俺なんか、何の才能もないし」

「何の才能もないなんて、誰が決めたんや？　よっしゃ、俺がお前の才能を引き出してやる。明日から陸上部へ来い！」

彼らはどうして荒れるのか。どうして勉強も運動も拒むのか。それは夢や目標が見つからないからです。どうしてそれが見つからないのか。その責任は大人にあると私は思っています。社会とは何なのか。自分とはどういう存在なのか。まだ未熟な彼らにはそれがわかりません。それを教えるのは、教師であり親なのです。

「先生、俺は何をしたらええんや」そんな彼らの心の叫び声が聞こえてくるようでした。

書くことで「生きる力」が生まれる

私は夢や目標を持てない生徒のために「目標設定用紙」を開発しました。

この用紙によって、夢や目標に具現性と現実性を持たせ、生徒自らが自己変革し、それぞれの目標を達成するためのシナリオを書かせます。それを陸上部の生徒や生徒会、学校のリーダー指導のために使用しました。生徒会やクラスの場合では「今度の文化祭の演劇を成功させる」「修学旅行に全員で参加し、感動する」などのシナリオを作りました。

陸上部でいえば「次の大阪府の大会で、全員で合計五十点を取り、総合優勝をする」。そしてその全体の目標を達成させるために、自分は何をするべきなのか。自分を見つめな

砲丸投げで日本一になった男子生徒の用紙

原田式長期目的・目標設定用紙「ドド根性」「負けたらアカン松虫魂」「全力投球!」

氏名		記入日(やると決めた日)	H.12.7.25(火)	目標達成日	H12.8.22(火)
奉仕活動	(家庭)私は、毎日 皿洗い(夕食後)風呂そうじ(入浴後)します。		(職場)私は、毎日 昼休みと練習後 砲丸サークルの手入れをします		

達成目標		
	最高の目標	私は、19M00を投げ 中学新記録で日本一になります。W優勝・最優秀選手!!
	中間の目標	私は18M38を投げ 大会記録をやぶり、日本一になります!! ドド根性!!
	絶対できる目標	私は、17M50を投げ全国制覇、日本一になります!! 猛攻確実!!
	今回の目標	私は、18M00を投げ、全国優勝・日本一・男女W優勝します!!

経過目標		
8月8日 近畿大会 17M00優勝・祝総合V	8月11日奈良記録会 中谷先生のご指導で技術確認	8月18日松虫グラウンド 軽量で19M50を投げ自信をつける!!

目的・目標の4観点

社会・他者	私
有形 ①原田先生が、日本一の指導者になられる。②家族で記念写真をとり、家族の最高の記念になる。③高校進学でのお金の心配が減る。④原田先生、崎谷先生が、「優勝記念指導者章」を手にされる。⑤松虫陸上部の練習ムードが更に盛り上がり練習の質が上がる。⑥ダブル優勝の表彰が全校集会で行われ、始業式が盛り上がる。	**有形** ①史上初、同一種目男女W優勝・日本一を達成できる。②歴史に名を残すことができる。③高校進学の条件が良くなる。④松虫の全中累計得点に貢献できる。⑤日本中からまた多くの見学者が来てくださる。⑥陸マガ、月陸に記事・写真がのる。⑦全員の喜ぶ顔を見ることができる。
無形 ①原田先生が喜んでくださる。②お世話になった方々が喜んでくださる。③地域に夢・誇り、自信を与えることができる。④松虫中学校が、陸上部の活躍によって元気になる。⑤チーム・後輩に「私もできる」という自信がつく ⑥より強く、素晴らしい文化・伝統が生まれる。⑦砲丸投という種目が注目され、陸上競技の人気が高まる。⑧次の日試合の女子が、ダブル優勝・日本一への勇気を得る。	**無形** ①先生、親、仲間に喜んでいただける。②達成感を味わうことができる。③自立型人間になっている。④自分の高校での活躍を期待できる。⑤大きな自信を手に入れる。⑥後輩の生きるモデルとなれる。⑦JOで再び日本一の確信を得る。⑧親への恩返しができ、自分自身がうれしい。

	成功の分析	失敗の分析
メンタル	①練習前・試合前から勝利意識が高まっていた。②全てをやりきり、自分を信じていた。③素直な心で感謝していた。④「絶対やったる」と考えていた。	①「絶対」という気持ちが弱かった。②コントロールできないもの(暑さ・天気・相手など)を理由にして自分に負けた。③中途半端な自信を過信していた。
スキル	①顔を残していた。②左ひじブロック位置が高かった。③胸をはれていた。④最後まで突きれた。⑤地面の力がもらえた。	①顔を残さず体が開いた。②左ひじブロックができず、投てき角度が低かった。③砲丸をこすって突いてしまった。④グライドスピードが遅かった。
健康	①腰痛がなかった。②テーピングを巻いて、手首への負担をおさえた。③ウェイトトレーニングが充実していた。④風邪ひきなし。	①腰痛が出た。②テーピングせず手首を痛めた。③ウェイトを追い込めていなかった。④風邪で高熱を出した。
生活	①学校内外で落ちついて生活できた。②親と仲が良く奉仕活動を続けていた。③夜は外に出なかった。④学校で自分にできること全て全力でやりきった。	①学校外でトラブルがあった。②奉仕活動がとんでしまった。③夜に出歩いた。④学校生活で手を抜いていた。

	予想される問題点	解決策
メンタル	①緊張にのまれるかもしれない。②プレッシャーにおそわれるかもしれない。③「絶対やったる」と思えず、自分に負けてしまう。	①前日からメンタルを使い自分をゾーンに持っていく。②目標を何のために達成したいのかを考え思い出す。③喜んでくださる方々の顔を思い浮かべサイキングアップする。
スキル	①体がひらく ②グライドでシ木のスピードが遅い。③下半身を使えていない。④投てき角度が出ない。	①1m先を見て顔を最後まで残す。②グライドのリズムで1・2から3への動きを特に意識する。③腰を入れ地面の力をもらう。④左ひじブロックの角度を高くする。
健康	①腰痛が出る。②手首・指を痛める。③体を冷やし、風邪をひく。	①腰痛・背筋トレーニングを毎日やる。②週1回は必ず、整骨院に通院する。③テーピング、PNF、アイシングを必ずする④アイス・炭酸、クーラー厳禁
生活	①学校外でトラブルが起きる。②練習後、昼からの生活において甘えがでる。③夏休みの宿題をためてしまう。	①夜は外に出ない。②祭りに行かない。③トラブルの場面に出会ったら、相手にせず逃げる。④巻き込まれそうな友達には会わない。⑤お盆前に宿題を終わらせる。

【ルーティン行動】※重要度が高い順に並べる	【期日目標】※発生期日順に並べる	
私は、毎日、心を整理し成功するために、日誌を書きます。	8月9日迄	近畿大会総合優勝し、士気を高める。
私は、毎日、感謝の気持ちを持って奉仕活動として皿洗い、風呂そうじをします。	8月13日迄	中谷先生のご指導を紙にまとめ整理する。
私は、毎日、家を出る時、帰宅した時、家の前の18Mラインで、その距離を確認します。	8月15日迄	試合5日前調整メニューの下書きを完成させる。
私は、毎日、寝る前に、全中のサイコフィジカルトレーニングを行います。	8月16日迄	5日前調整メニューを原田先生に提出する。
私は、毎日、朝一番と寝る前に「日本一は俺のもの」って6回言いセルフイメージを高めます。	8月18日迄	全中のチームの荷物を確認し、ミスゼロにする。
私は、毎日、練習の準備・片付けでは誰よりも率先して働きます。	8月19日迄	全中の自分の荷物を仕上げ、準備で勝つ。
私は、毎日、朝練習で先生のお迎えを行い、感謝の気持ちを行動に表します。	8月19日迄	今木整骨院に通院し、治療を受ける。
私は、毎日、練習以外で、腰痛防止の為 補強腹筋・背中を10秒×6セット行います。	8月20日迄	「行ってきます」と元気に言い、堂々と長崎入りする。
私は、毎日、練習後、手首・指のアイシングを20分間行います。	8月21日迄	競技場でサイコフィジカルを行い、勝者の態度で練習する。
私は、毎日、夜7時以降は家にいます。	8月22日迄	起床後4時からのメンタルトレーニングで最高のスタートダッシュをきる。

目標達成のための支援者	①原田先生 ②崎谷先生 ③中谷先生 ④松中 ⑤川阪・丸橋 ⑥チームの仲間 ⑦保護者会 ⑧家族
目標達成のための支援内容	①心・技・体・生活全般のご指導 ②ご指導・サポート(心的、学校生活)③技術指導 ④応援 ⑤サポート、最大の声援 ⑥応援、信じてほしい ⑦応援・バザー ⑧応援、食事、協力

友人を優勝させるために作った用紙

全力投球だ!! まだまだいける・まだまだ上にいける!! 勝たせるで!!

大阪市立松虫中学校陸上競技部　（ 近畿 ）大会　長期目標設定用紙

「目標達成」「夢・実現」「成功確実」「ドド根性」「同志」「全力投球」「自律・自立」

氏名		今日の日付	H17．7/28 29	目標達成期日	H17．8/6

目標達成のための奉仕活動	（家庭）皿洗い　風呂掃除	（クラブ）ポールの手入れ　マットの整備

競技成績目標 同志の力 松虫魂	（最高の目標）	近畿大会で　　くんに4m20をとばせて優勝!!
	（中間の目標）	近畿大会で　　くんに4m00をとばせて上位入賞!!
	（絶対達成できる目標）	近畿大会で　　くんに3m80をとばせて入賞!!
	（今回の目標）	近畿大会で　　くんに4m20をとばせて優勝!!
経過目標		（7）月 ゴムバーで4m00 →（8）月2日 学校で4m00 →（8）月4日 4m00をゴムバーでとぶ
達成時の人間像		周りをしっかりと見れていて、仲間のことを本気で考えられる自律した心をあげられる人間
目標より得られる利益		同志、仲間への恩返し、近畿優勝松虫伝統を残せる、自信をもてる 今後の人生にプラスになる 保護者のみなさん 森本先生 原田先生 お世話になった兄弟のみなさん 応援してくださった人への恩返し

（試合の分析）（成功した試合）（メンタル）①リラックスをしている ②自信をもっていた ③试合に集中していた ④切り捨て向上ルーティーンを使えていた

（技）①助走での足の運びが速い ②踏み切りで上を向いていた ③ポールを押し切れていた ④巻き込み動作のタイミングが合っていた ⑤クリアができている

（体、健康）①体調管理ができている ②朝の行動が速い ③食事の制限ができていた ④アイシングをしっかりしていた ⑤暑さ寒さ雨の3対策ができていた

（学校、家庭生活）①授業を楽しく受けれていた ②家族と仲良くしている ③ゴミが落ちていたら拾っている ④立腰をしっかりしている ⑤忘れ物をしていない

（失敗した試合）（メンタル）①他校の人としゃべっている ②他人の跳躍を気にしている ③自信をもってない ④切り捨て向上ルーティーンができていない

（技）①助走のスピードが上がってない ②リズムがとれていない ③助走が合わない ④アップライトが合っていない ⑤ポールを押していない

（体・健康）①体調管理ができていない ②準備ができていない ③足や腰を痛めている ④3対策ができていない

（学校・家庭生活）①授業などで元気がない ②奉仕活動を忘れている ③忘れ物をしている ④掃除などに心がこもっていない

（予想される問題点）（メンタル）①緊張して上がっている ②助走に力が入っている ③天狗になっている ④他人の跳躍を気にしている

（技）①助走のリズムがとれていない ②ポールを押し切る前に振り上げている ③ポールを出すのが遅い ④助走が合っていない ⑤下を見ている

（体・健康）①体調管理ができていない ②暑さ寒さ雨の3対策ができていない ③体で痛めている所がある ④準備が悪い

（学校、家庭生活）①生活面で元気がない ②心をこめて掃除ができていない ③友達とケンカをしている

（解決策）（メンタル）①リラクセーションをしっかりさせる ②セルフトークで自信をつけさせる ③試合前に広い集中狭い集中、億集中をさせる ④ストロークを入れる

（技）①アップの時にチューブをひく ②跳躍をする前にポイントを確認させる ③アップの時にしっかりとゴムバーを跳ばせる ④助走を見る ⑤アップライトを見る

（体・健康）①荷物を何度も確認させる ②アイシングなどマッサージをしっかりとする ③冷たいものを食べすぎないようにさせる ④間食をとりすぎないようにさせる

（学校・家庭生活）①元気を出るような言葉をかける ②常に近畿大会を意識させる ③感謝の気持ちを忘れさせない

具体的な行動Ⅰ　→　毎日、継続して繰り返してやる行動	具体的な行動Ⅱ　→　「いつまでにやる」と決めてやる行動	期日
(1) 私は セルフトーク を1日に 3 回 朝 練習中 寝る前 行う。	(16) くんに懸垂自力で20回させる	7/30
(2) 私は立腰を1日に 3 回 食事中 勉強中 日誌を書くとき に行う。	(17) くんに足首70kgでさせる	7/30
(3) 私は日誌を書き、その日のことをまとめる	(18) くんにベンチ80kgを1回上げさせる	8/1
(4) 私は 　人に近畿優勝4m20と毎日言う	(19) くんにスクワット100kgを1回上げさせる	8/1
(5) 私は明日 　くんは何をするかなど確認をする	(20) くんに体トレののぼり棒で20回いかせる	8/2
(6) 私は、　くんに元気になるような言葉をかける	(21) くんに体トレ懸垂25回いかせる	8/2
(7) 私は毎日笑顔で　くんと接する	(22) くんにポール走50m7″30で走らせる	8/2
(8) 私は　くんにやらなくてはいけないことをきっちりやりきらせる	(23) くんに学校記録会で4m00とばせる	8/2
(9) 私は、　くんが失敗していたら切り捨てさせ、向上するストロークを入れる	(24) くんにゴムバーで4m20とばせる	8/4
(10) 私は　くんに上を向いて歩かせる	(25) くんに技術のポイントをまとめさせる	8/4
(11) 私は　くんが失敗していたらしっかりとCPでしかる	(26) くんに近畿の荷物を準備させる	8/4
(12) 私は毎日練習後に今日も良かったと声をかける	(27) くんに近畿の前の心の準備をさせる	8/4
(13) 私は選手を勝たせると思ってゴミを拾う	(28) くんに近畿の前のやりのこしをなくさせる	8/4
(14) 私は選手の心をきれいにするため掃除をする	(29) 私は学校で4m10を跳んで、　くんに負けん気をださせる	8/5
(15) 私は毎日感謝の気持ちをもってサポートをする	(30) 　くんに4m00を跳ばせて優勝させる	8/6

成功へ導く決意表明	近畿大会で　　くんに4m00を跳ばせて優勝させる!!
成功へのセルフトーク	絶対にやったる、やらせる、跳ばせる4m!!

（向上ルーティーン）（秒数）「よっしゃあ」の発声→手を揺らす→足踏みする→「よし」の発声	（切り捨てルーティーン）（秒数）目をつぶる→物に捨てる→「よっしゃあ」の発声（15秒）
言ってほしいこと「　くんならいける」「いける」など	言ってほしくないこと「あかん」「無理」「できへん」など
やってほしいこと 全力サポート 元気のでる発言	やってほしくないこと ふざける、準備のミス、自信をなくす発言

目標達成のためにほしい（援助）物・事・人など　1年・2年・3年のチームの仲間（応援）森本先生　　くん（サポート）　　先生（心・生活の指導・応援）　　くん　　さん　　さん（技術・心の指導）　　くん　　くん　　さん　保護者のみなさん（応援）

NEVER NEVER NEVER NEVER NEVER NEVER GIVE UP!!!

決めてやりきる、やらせる 激跳4m!! 目指せてっぺん!!

真剣勝負!! 松虫魂・ド根性・近畿のてっぺんいかせるでぇ!!

がら自己分析をし、目標設定用紙を埋めていく。ここがスタート地点になるのです。

実際に生徒たちが書いたものを七十、七十一ページで紹介していますので、ご覧になってください。

この目標設定用紙を書き進めるためのポイントは次の十項目です。

①自分らしい目標を立てます（人との比較や無理をする必要はありません）。
②達成の期日を入れます（ゴールの日付を決めて進みます）。
③達成のための奉仕活動を必ず設けます（これは道徳目標とも呼ばれます。人格、人柄、人間性の形成に影響する、心をきれいにする清掃や奉仕活動を、学校と家庭の両面から考えます）。
④今回の目標が、他者、社会、自分に対して与える影響を明確にします。そのことがやる気の継続を生みます。
⑤自分の過去を分析し、自分を知ります。自己の最高と最低の状態を「心・技・体・生活」の観点から分析し、把握します（すると、自分自身の生活に幅があることがわかります。この幅のことをコンフォートゾーンと呼び、人はこの幅の中で生活します。できるだけ高いところで生活できるように自分を仕向けます）。

⑥目標達成の妨げとなる問題点の洗い出しとその解決策を決定します。
⑦ルーティンを作ります（結果を生み出すプラスの行動をルーティン化し、習慣になるまで続けます）。
⑧途中経過の小さな目標を作り、それぞれにも達成の期日を決めます。
⑨周りの人に支援を求めます（成功は一人の力では成しえません。他者の助けが必要です。その支援者と、具体的に支援してほしいことを事前に決めておき、支援者に伝えておきます）。
⑩目標設定用紙を書いたら、それを目につく場所に貼っておきます（毎日繰り返し見ることによって、潜在意識の中にイメージが定着していきます。イメージが強化されることで、やる気が高まります）。

この目標設定用紙を書くことで、子どもたちは明らかに変化していきました。自分が目指すもの、自分がやるべきこと、それが明確になることで、生きる力がどんどん湧いてきたのです。頭の中で思うだけではダメです。文字にして、自分の手で書くということが大切です。この設定用紙を含めた「原田メソッド」は、いまでは家庭教育、学校教育、先生の教育、企業研修、公務員の教育、プロのスポーツ選手の教育、塾の教育、海外の教育（韓国、台湾、中国で訳本が発刊されています。アメリカでの発刊も予定しています）で使われています。

自分の中の大きな目的と目の前の手に入れたい目標を把握する。それが成果を生む大きな原動力になります。

ここで一つ強調しておきたいのは、大きな夢から現在やるべきことを逆算して考えるということです。たとえば「私は一年後の大会で日本一になる」という大きな夢をまずは掲げる。〝いまの実力じゃあ無理だ〟〝一年でそこまでタイムが伸びるはずはない〟など、そんなことを考える必要はありません。ただ日本一になることだけを、自分自身に言い聞かせるのです。ならば日本一になるためには、何をやらなければならないのか。日々、どのような練習をすればいいのか。その一点を考えて努力することが大事なのです。

受験勉強でも同じことです。〝いまの偏差値はこれだ。一年生のときよりもこれだけ伸びているから、三年生になる頃にはこれくらいまで上がっているだろう。だったら志望校に合格できる〟と、こう考える子は、必ずと言っていいくらい失敗します。合格する子はそうは考えません。〝志望校に合格するにはこれだけの偏差値が必要だ。じゃあ、そこまで伸ばすにはいま何をするべきか〟と、未来の成功から逆算して考えるわけです。

かの有名なカント哲学の中にも「未来からの現在」という言葉があります。現在の自分から未来を予測するのではなくて、未来の夢から逆算して現在を考える。この発想を徹底的に具現化させたのが「目標設定用紙」だとも言えるのです。だからこそ、はじめにも記したように「未来への夢」を持つことが大切になってくるのです。

心のコップを上向きにする

心のコップという表現を私はよく使います。たとえばテーブルの上にコップがあります。そこに水を注ぐ。コップが上を向いているから水が注がれるわけで、コップが逆さまに置かれていたら水を注げません。

人間というのも、これとまったく同じなのです。いくらこちらが何かを伝えようとしても、どんなにその人のことを思って注意しようとしても、その人の心のコップが伏せられていたら、何も伝わりません。

心がすさんでいる子どもたちは、一様に心のコップが伏せられています。つまりは心を閉ざしている状態です。

「煙草吸ったらアカンぞ！」

「ちゃんと遅刻せんように学校に来いよ」

「忘れ物するなよ」

いくら一生懸命にこちらが言っても、心のコップが下を向いていると、

「うるさいな！　放っておいてくれ！」

その一言で片づけようとする。

「なんで、煙草吸ったらアカンのや？」

と突っかかってくる子どもはまだ可能性があります。とりあえずは先生の言うことも聞いてみるかと、心のどこかでは思っているからです。あるいは注目してほしいがために、わざと悪さをする。こういう子どもは、アプローチ次第では、心のコップを上に向けるようになるものです。

ところが、まったく心を閉ざし、まるでこちらの存在など無であるかのような態度を取る子どももいます。そういった生徒は、時間がかかります。とにかく我慢強く、心のコップが上を向くまで指導していくしかありません。

いかにして心のコップを上向きにさせるか。それは、人としての基本を教え込むしかありません。一人前の大人になるために、一人前の社会人になるために、最低限必要なことを徹底的に叩き込むことです。その基本はたったの三つ。

一つ目は時間を守ること。きちんと授業が始まる前に登校する。部活動の時間に遅れな

い。そんなことは当たり前だと思うでしょうが、実際にはなかなか守られていません。中には「少しくらい学校に遅れてもいいじゃない」と言う親もいます。「学校に遅刻してもいいけど、塾には遅れないようにしなさい」と堂々と言う親もいる。そんな親に育てられた子は、どのような価値観を持った大人になるのか、心配になります。

二つ目に大切なことは、整理整頓の習慣を身につけさせることです。自分の机や部屋をきちんと整頓すること。身の回りのことをきちんとすれば、自然と頭の中も整理されていきます。汚れて雑然とした部屋にいては、次第に心もすさんできます。

立派な子ども部屋を与えたのはいいけれど、結局掃除や片づけは親がやってしまう。これでは子どもの自立を妨げるだけ。部屋を与えるということは、その部屋に対する責任を負わせるということ。自分で管理できないのであれば、部屋はあげない。それくらいの厳しい姿勢が大切です。身の回りのことや、部屋の掃除を軽んじてはいけません。それらの乱れは、必ず心の乱れに通じていくからです。

掃除の大切さを見直すこと。それは大人になっても同じことです。私が主宰している教師塾でも、「便教会・トイレ掃除の会」の活動が広がっています。生徒が使用する学校のトイレを、教師も率先して掃除をする。それは生徒に模範を示すだけでなく、掃除をしながら自らの心も磨いていることになります。汚れた便器を一生懸命に磨きながら、自らの心と向き合っている。まさに禅の精神と同じです。

三つ目は、感謝の気持ちを忘れないことです。人は決して一人では生きていけない。互いに助け合いながら、互いに迷惑をかけながら生きていく。自分の力だけでここまで来たなどと思うのは、まったくの慢心です。何かをしてもらったら、素直な気持ちで「ありがとう」と言う。自分がここまで生きてこられたのは、周りにいるすべての人のおかげです。そのすべての人たちに感謝の気持ちを持つこと。そして普段から周りの人と良好な関係を築くための挨拶と、「ハイ」という元気な返事が大切です。「おはようございます」「こんにちは」「さようなら」などの挨拶を元気よく、さわやかに交わします。

時間を守ること。整理整頓をすること。礼義と感謝の気持ちを忘れないこと。この三つの基本こそ、子どもたちに教えなければなりません。そして何より、教える立場である教師や親が、この三つのことを実行しなければならない。自分の心のコップが上を向いているかどうか。まずは胸に手を当ててよく考えてください。

人格を育てて磨く

これら基本となる三つのこと。それは一言で言うと「人格を育てる」ということです。

人格という言葉は日常的に使われているものです。テレビでも書物でも、「人格を育てることこそが教育だ」とみんなが叫んでいる。人間にとって大切なのは人格であると。でも、本当にそういう教育が実践されているでしょうか。人格を磨くことより、偏差値を上げることが優先されていないでしょうか。

もちろん、教科の成績を上げることは大事なことです。国語の力や数学の力を身につけさせることは、生きていく上で大きな力にもなります。現実的にも、いくら教師になりたいという思いが強くても、学力試験に合格しなければ教師にはなれません。商社で働きたいのであれば、語学を学ばなければいけない。それが現実です。しかしだからと言って、勉強さえできればいいということでは絶対にない。

教育の中には、「見える教育」と「見えない教育」があります。見える教育とは、成果が目に見えるということです。偏差値がいくら上がった。一流高校に何人の合格者を出した。あるいは陸上競技ならば、何人の日本一を輩出したか。一九六〇年代から日本は、こうした見える教育に力を注いできました。いわゆる成果重視主義です。

その一方で、見えない教育＝心の教育をおろそかにしてきたことは否めません。見えない教育とは、言うまでもなく人格を育てる教育のことです。そこが抜け落ちたことで、荒れた学校が激増したと私は考えています。

思えば、私が力を注いできたのは、まさに見えない教育でした。自分であえてそれを望んだわけではありませんが、それでもこれに取り組んできたのは、見えない教育を体系立てて指導する教師が少なかったからです。成績を上げることも大切だし、人格を磨くことも大切だ。本来ならば、それは教育の両輪であるべきだ。なのに現状は人格を育てるということが抜け落ちている。誰もそこに目を向けないのなら、私がやる。そんな思いで頑張ってきました。

土台ができている学習の場からプラスの成果を生み出すことには、まだ望みがあります。たとえば、落ち着いた学習環境の中から難易度の高い大学に合格させる。先生も生徒もやる気いっぱいの陸上部から、全国大会に出場させる。土台の上に、ゼロだった実績をプラス一にする。それはある程度の技術的方法論を持っていれば、それほど難しいことではありません。

ところが、マイナスからゼロにもっていくことは大変な作業です。荒れている学校というのは、明らかにマイナスの要素をたくさん抱えている。それらを一つ一つ解決し、何とか落ち着いた学校に戻す。つまりは、プラスマイナスゼロの状態に戻す。この作業は困難を極めるものです。ゼロというのは、言い換えれば学校として当たり前のことです。授業中は静かにしている。遅刻しないで来る。忘れ物はしない。しかし、考えてみてください。

どれもが学ぶ立場としては当然の態度です。マイナスというのは、その当たり前のことができていないということなのです。

それを一年も二年もかかって、やっとのことでスタートラインにまでもってくる。生徒とぶつかり合いながら、ときにはこちらが怪我をしながら、やっとの思いで学校をスタートラインにつかせる。しかし世間からすれば、これは普通の状態です。ゼロが普通なのですから、ゼロにしたところで教師は評価されません。苦しい思いをしてようやくスタートラインについても、それは世間では至極普通の状態にすぎないのです。

私自身は、マイナスをゼロにし、スタートラインに立たせることで評価を得てきました。でもそれは、一年や二年の努力ではありません。十年二十年という歳月をかけてつかんだ方法で、学校を建て直してきたのです。その地道な教育が、評価されただけです。たまたま陸上競技の実績が日本一、十三回という派手なものだったために、私が日の当たる場所にいますが、その影には私を支えてくれた同僚教師たちがたくさんいます。自分の評価など考えずに、ひたすら見えない教育に力を注いできた教師を私は知っています。子どもの人格を育てることに心血を注いでいる教師をたくさん知っています。

「目に見えない教育」「心の教育」を、いまこそ取り戻さなくてはいけません。偏差値や進学率といった数字にばかり目を向けるのではなく、子どもたちの人格育成にもっと目を向けなくてはいけない。それこそが子どもたちにとっては幸せなことであり、日本という国のためであることに気づかなくてはいけない。心の底から私はそう思っています。

やって見せる教育を

子どもたちの人格を育むために、具体的にはどのように指導すればいいのか。答えは一つ。それは教師や親がやって見せることです。時間を守る、掃除をする、感謝の言葉を言う。それらを大人が実行して見せること。だからこそ範となるべく教師や親は、自らを律していく必要があるのです。

私たちが幼かった頃、親は背中で教えてくれたものです。「お年寄りを大切にしろ。敬え」などと親から言われたことはありませんでした。そんなことは言われなくても、親や周りの大人がすることを見ていれば、子どもながらに察することができたものです。父親の姿を見ていれば、どうすれば立派な大人になれるかが自然とわかった。美しい生き方をしている母親の後ろ姿を見ているだけで、十分に見えない教育がなされていたのです。

ところが残念ながら、現代では背中で教えるなどということは難しくなってきたようです。親が悪いのか、子どもが甘えているのか、はたまた社会の変化なのか。実際にやって見せなければ、子どもにはなかなか伝わらないのが現状です。

かつては「陰徳を積む」と言われたように、人の目につくところで良い行いをするのは恥ずかしいと思われていました。汚れているのが目につけば、人に知られないようにそっと掃除をする。私がきれいにしましたなどとは絶対に言わない。それが日本人としての美意識でもあったのです。ところが、いまはそうすると、子どもはなかなか気づいてくれません。

私は教師時代に、生徒の靴をわざわざ揃えることをしていました。体育館に生徒たちが入る。体育館シューズに履き替えるので、運動靴は入り口に散乱しています。生徒が通り過ぎるその横で、私は何も言わずに、まずひたすら生徒たちの靴を揃えます。

「これが私の指導です。やって見せなければ、彼らはいつまでたってもやりませんよ」と他の先生方に示します。実際に私のやりかたは、正解でした。

「原田先生は、いつも自分と俺たちの靴を揃えている。俺たちもせめて自分の靴だけは揃えるようにしよう」

そう考える感性のある生徒が次第に増えていったのです。これもまた、時間がかかることです。一度や二度で伝わるものではありません。しかし、これを百日も続けてみてください。ほとんどの生徒たちは自らやるようになるものです。教師だから、生徒だからと、そんな垣根を作るのではなく、同じ人間としての立場に立ってやる。「やって見せる教育」を実践してください。

これは大人の世界でも同じです。企業で研修をしていると、若い社員に不満を抱いている管理職の人たちと出会います。

「この頃の若い人は、社内が汚れていても気づかないんですよ。私たちの若い頃には、始業時間前に出社して、まずは社内の掃除をしたものです。仕方がないから、いまも私が早く会社に来て掃除をしています」

素晴らしい人です。管理職としても優秀であることはすぐにわかります。でも、私はその部長さんに言います。

「あなたのやり方を少しだけ変化させてください。おそらくあなたの部下たちは、あなたが早くに出社して掃除をしていることなど知らないでしょう。ならばそれは、あまり意味がありません。やるのなら、部下たちが出社してきたときに、彼らの目の前で掃除をすることです。いまは隠れてやる時代ではありません。目に見える率先垂範こそが必要なのです。あなたの姿を見て、しまったと思う部下は絶対にいます。そしてあなたの掃除を手伝う部下も出てくる。そういう人材は見込みがあるということです。上司が掃除をしているのに、知らんフリを決め込んでいるような部下ばかりではありません」

脳科学の分野においても、ミラーニューロンの存在が明らかになってきました。人間は目の前の人の動きを認識すると、それを脳の中に映し、同じ行動をとろうとする。ましてそれが尊敬する人の行動であれば、なおさら同じ行動をとろうとする。そういう脳の性質を考えても、実際にやって見せることの大切さがわかります。

もう一つのエピソードを紹介します。一人のビジネスマンの方が、研修のあとで相談にきました。

「うちの子どもたちは、靴も揃えないし、部屋の片づけもしません。だらしないままでは、一人前の社会人にはなれない。どういうしつけをすればいいのでしょう。教育者としての意見を聞かせてください」と。

「あなたが実際に、やって見せることが一番だと思いますよ」

私はそう答えました。そして数ヶ月後、再び彼は私の研修にやってきました。

「お子さんはどうですか？　靴を揃えるようになりましたか？」

私は聞きました。

「いやあ、まったくダメです。毎朝、家を出るときに私が玄関の靴を揃えるのに、まったく無駄みたいです」

「それでは効果がないでしょう。父親が出かけるときには、子どもはまだ寝ている。玄関の靴が揃っていることには気づいても、父親がやったとは思ってない。たとえわかったとしても〝そうか、靴を揃えるのはお父さんの係か〟くらいにしか考えないかもしれない。とても悲しいことですが、それがいまの子どもたちなのかもしれません。ならば大人だって、黙っていてはいけない。子どもが見ているところであえてやって見せることです「どうや、お父さんも一生懸命に掃除する。お前もやらないか、一緒に」。そういう言葉を背中いっぱいで表現してみてはいかがでしょうか。

父性・母性・子ども性のトライアングル

教師時代、学校で暴れて手のつけられない生徒がいたら、警察に通報することもありました。すると、暴力をふるう生徒もおとなしくなりました。

「あの原田は、本気やぞ」

「あいつは、こっちが『わかりました』と言うまでしつこく注意してくる。何百回でも同じことを言いよる。やるまでやらせる」

生徒たちからそんな声が聞こえてきました。

彼らにしても、警察のお世話になどなりたくない。そんなことは当たり前です。しかしいままでは、エスカレートする気持ちを本気で止めてくれる先生がいなかった。止められないから、ますますイライラしてくる、そして調子に乗る。一線を越えてしまう。

「何で、もっと自分を見てくれないんだ」

「何で、もっと真剣に叱ってくれないんだ」

それは彼らの中にある甘えた気持ちです。そんな甘えを、愛情ある、正しい教育を受けていないとコントロールできないのが、中学生という時期だと私は思います。その甘えがいきすぎたときには厳しく叱る。それが父性というものです。

松虫中学校で私は陸上部を指導しましたが、前任校での実績もありますから、それは望まれていることでした。また陸上部でも孤軍奮闘しなければならない。自分の使命とはいえ、それは相当にエネルギーがいるものです。

そのときに、強力な助け舟が出されました。前任校で私の指導を全面的に擁護し、何度も私のピンチを救ってくださった崎谷紀子先生が、一緒に陸上部を指導してくださることになったのです。

「私は陸上競技をやったこともないし、技術的なことは何もわかりません。でも、原田先生のお手伝いをさせてください。私も日本一を見てみたいです」

こう言われたときは、心から嬉しかった。この先生となら、最強のタッグが組める。私は確信しました。また、崎谷先生の献身的なかかわりのおかげで、保健室担当の黒石清美先生や、森本恵子先生など、女性教師の多くが支援を申し出てくれました。

子どもを指導するには、厳しさと優しさの両面が必要です。厳しいばかりでは子どもは萎縮してしまいますし、優しいだけでは甘えてしまう。両方をバランスよくすることが何より大切なのです。

家庭に置き換えればそれがよくわかります。父親が厳しくする一方で、母親が優しくフォローをする。両方から厳しくされたら子どもは、萎縮するか反発する。逆に厳しさがなければ、甘えて自己中心的になってしまう。この役割分担を親はしなければなりません。父親が厳しく母親は優しく。そんな単純なことではありません。時に父親が優しさをもって接し、時に母親が厳しい指導をする。男性、女性の役割分担ということに限らず、父性と母性の両方を発揮することが重要なのです。

松虫中学校陸上部においては、私と崎谷先生が一緒にやることで、見事にこのバランスを生み出すことができました。私としては、崎谷先生が細かい気配りをしてくれているおかげで、思うように厳しさを出すことができた。私が厳しく叱って落ち込んだら、崎谷先生がしっかりとその子をフォローしてくれる。

また、私の目がなかなか届きにくい生徒も見事に支えてくれました。私は、表面的に荒れている子や、わかりやすいくらい反抗的な子は得意中の得意です。しかし見た感じでは問題がなさそうでも、心に深い傷を抱えている子。特に女の子については、どうしても目が行き届かないことがあります。男性教師には相談しにくいこともあるでしょう。

一人の女の子がいました。おとなしくて目立たない子です。彼女は家庭に大きな問題を抱えていました。内面の心はボロボロでした。崎谷先生は、その女の子を陸上部のマネージャーにしたのです。いつもそばにいてあげるためには、自分のクラブのマネージャーにするのが一番だと考えたのでしょう。

「私はこの子を守ります」

先生はそう言いました。そして三年間、見事にその生徒を支え、立ち直らせたのです。

それは、私にはできません。

さらに、私を支えてくれた最強の協力者。それは私がかつて教えた卒業生たちでした。

「先生。砲丸投げの技術を、もっと教えてほしい」

生徒たちがそう言ってくると、私は卒業生に応援を仰ぎます。

「よっしゃ。技術的なことは俺よりも、実際に競技で結果を出した人間のほうがいいやろ。バリバリの先輩を連れてきてやる」

私が声をかければ、全国大会で優勝した卒業生が集まってくれます。中学生の子どもたちは大喜びです。自分にとって兄のような先輩。しかも、実績ばかりでなく、人間的な魅力にもあふれている。楽しく指導してくれるし、技術もどんどん上達する。実は、これが「子ども性」というものなのです。

厳しい父親がいて、優しい母親がいる。そしてもう一人、楽しい兄弟や近所のお兄ちゃん、お姉ちゃんがいる。父性と母性と子ども性。この三つの要素に囲まれるから、子どもはすくすくと育つのです。子どもを取り囲むトライアングル。そんな環境をすべての子どもに作ってあげたい。それが私の願いです。

第三章

家族経営のコツ

あなたの家族はどのタイプ？

親として必要なことは何か、できることは何かをお話しする前に、まずは子どもとの生活の土台である家族についてお話しをしたいと思います。

家族と一口に言っても、その形は千差万別です。家族の数だけ、そこには個性や関係性があるものです。しかし、大きな目で見るとそこにはタイプというものが見えてきます。それは大きく四つに分かれると私は考えています。あなたの家族はどのタイプにあてはまるでしょうか？　タイプの特徴と、どうしたらより良い家族に成長できるかを、一緒に考えてみましょう。

まず、家族という集団の中では、それぞれの家族・人は二つの気持ちに影響を受けます。一つ目は「リレーション」といって、家族の中でコミュニケーションが取れ、お互いの存在が認められ、「自分の居場所が家にある」という、受け入れられている気持ちです。もう一つは「ルール」で、家族の中でめいめいが自分勝手なことをせず、家族としての約束や道徳が守られて「安心できる」という気持ちを表しています。

二つの気持ちを軸で表すと、九十三ページのグラフのように二本の軸によって、四つの

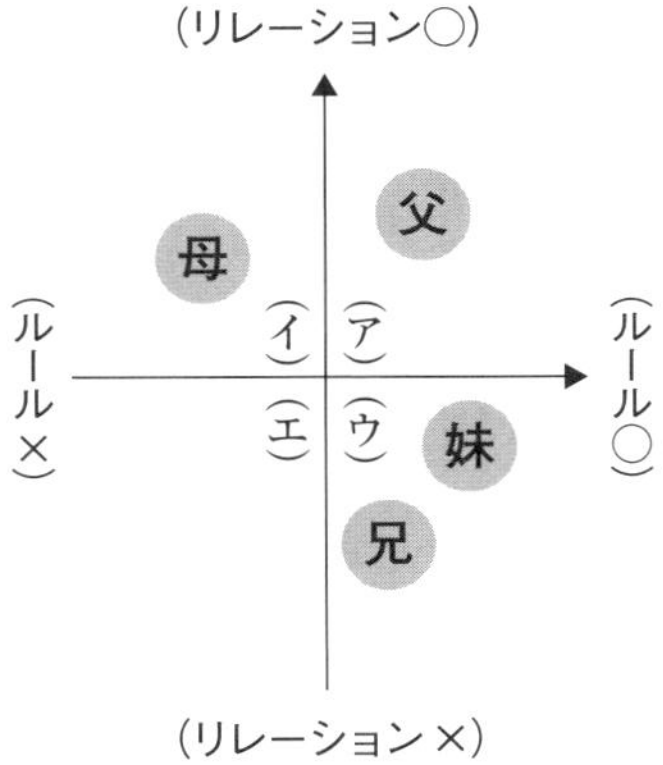

エリアに分かれます。

（ア）のエリアの人は、家庭の中に居場所があり、家族が自分勝手なことをしないので、安心しています。

（イ）のエリアの人は、居場所はあるのですが、家族の誰かからイヤな思いをさせられていると感じています。

（ウ）のエリアの人は、家族が自分勝手なことをしないので安心できますが、自分は認められていないと感じています。

（エ）のエリアの人は、居場所もないし、イヤな思いをさせられていると感じています。

グラフに入れた家族のメンバーについて見る

と、お父さんは〝家庭の中に自分の居場所があるな。家族としてのルールもしっかり守られている。それぞれがしっかりと役割を果たしている〟と感じています。ところが、お母さんは〝居場所がある〟と感じていますが〝なんだか、みんな自分勝手にやっている。父さんにはイヤなことを言われるし……〟などと感じていて、「ルール」についてマイナスのところにいます。子どもたちは〝家族のルールがしっかり守られている。お互いイヤなことはされないな〟と思っていますが、あまり家族同士のかかわりがなく、ほっておかれていて〝元気が出ない。居場所がない〟と感じ、右下にいます。

さて、みなさんは、自分はどのあたりにいると思いますか。

家族のタイプで知るプラスの気づき

家族は集団という一つの生き物であると考えることができます。そして、家族のメンバーをこのグラフに配置したときに、生き物のように個性のある集団の状態が見えてきます。家族という集団の状態を三つのタイプに分けて見てみましょう。

①いきいき家族

家族の例：全員右上のエリアに集まっています。家庭が、家族のみんなにとって安心できるところとなっています。そして、みんながお互いに認められ、大切にされて、一人ひとりの居場所があります。

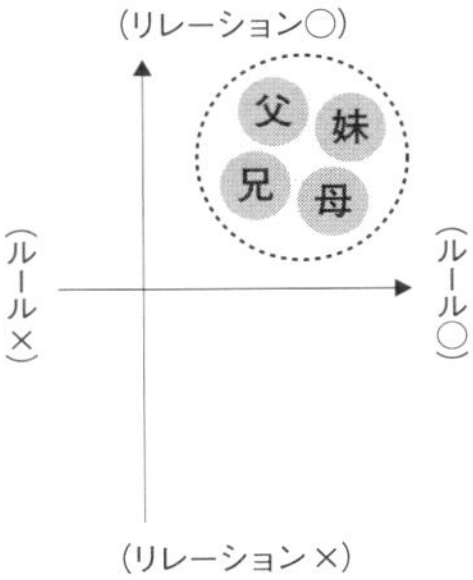

家族の状態

◎親子のつながりはたいへん強いけれど、決してベッタリとなれあった関係ではありません。家族の中で親は親としての役割をしっかりと果たし、子どもは親を厚く信頼しています。

◎家の中に父性（頑固親父のような厳しさ）と、母性（マザー・テレサのような愛）と、子ども性（楽しくお茶目な遊び心）の三つの役割が揃っています。

◎家族といると安心できて、一緒にいると嬉しい。心が満たされます。

◎家で過ごすとエネルギーがたまって、また明日から頑張ろうという気持ちになれます。

◎つらいときには、家庭が安全基地のように自分を包んでくれます。

◎家族に困ったことが起きても、お父さんやお母さんを中心にみんながまとまって、それを乗り越えることができます。

◎親は子どもがいることによって、子どもは親の姿によって、お互いに影響しあって成長していきます。

課題

◎子どもの成長とともに変化していく家族のあり方や、変化の中で起きてくる課題に対して、親としても成長しながら対応していくことが必要です。

◎忙しくて、家族との時間がなかなか作れない場合は、人一倍の工夫と心遣いが求められます。「忙しいから仕方がない」は禁句です。コミュニケーションを大切にしましょう。

解決策

◎家族の在り方の変化に対応する基本は、夫婦の協力体制にあります。夫婦円満に努めましょう。この土台さえしっかりしていれば、状況が変化しても、家族のつながりは揺るぎません。

◎忙しくて家族との時間が取れない場合は、工夫をしましょう。たとえば、携帯でのメールやホワイトボードに書くメッセージ・手紙など、代わりとなるコミュニケーションでつながりを増やしたり、一緒にお風呂に入る、抱きしめるなど、肌と肌が触れ合うスキンシップの機会を増やしたりするのもよいでしょう。

解決策

短期的な成果や目の前の結果に反応するよりも、子どもの成長を中・長期的にのんびり見ていきましょう。

◎見守って待つ姿勢を持ちましょう。

◎「東大に行け」「何としても医者になれ」という高い目標を設定し、それに向かって努力させることは悪いことではありません。しかし、ただ東大に行けと言うのではなく、そこに行けば何が待っているのか、大学での素晴らしい学びを得て、どのような仕事に就き、社会貢献できるのか。またその可能性があるかなどをともに語り合い、イメージすることも大切です。

◎誰かに優しくできた、手伝いをした、掃除を一生懸命に頑張ったなど、人として大切なことができたときは、心からほめて、一緒に喜びましょう。

◎「どうして～なの？」というような追い詰める聞き方をやめて「本当はどうしたかったのか」を一緒になって考えます。

◎子どもが育っていく中で「ほめる､叱る」ことで､親の思い通りにさせようとする方法から、大きくなるにつれて少しずつ「任せる、認める」ことを取り入れ、自分で考えて行動させるようにしていきます。

夫婦のつながりを大切にして、それぞれの役割からの子育てを心がけましょう。

◎妻への優しい言葉、夫へのねぎらいの言葉など、夫婦でお互いに思いやりの気持ちを伝えましょう。

◎子どもの教育について、役割（父性と母性など）の分担をしっかりと考えましょう。

◎子どもの前でお互いの批判・非難はやめましょう。

◎何らかの理由で父母が揃っていない場合は、親自身が穏やかな気持ちになれるように工夫しましょう。余裕を持って子どもと接することが大切です（音楽鑑賞やショッピングなど、親自身、自分が楽しめる時間も持つこと）。子どもに対して、柔軟性を持って受け止められる自分であることが大切です。

家族の緊張感を和らげる。つながりを深めます。

◎家族が集まる部屋に小物を置いたり、家族の写真を飾ったり、部屋の中を温かい雰囲気にします。植物を育てる、ペットを飼うなど、穏やかな気持ちになれるものを取り入れるのも効果的です。

◎家族でお菓子を作ったり、時には父親が料理をしてみんなで食べたりするなど、手作りの温かみをみんなで分かち合いましょう。

◎お手伝いを一緒にやるなど、親子で取り組む活動をしましょう。

②きっちり家族

家族の例：右半分の縦に長く伸びています。
家族内に共通のルールや約束事があり、みんなが普通に守ります。みんなで何かをするときは、リーダーのお父さんが家族をリードし、まとまった行動を取ります。お父さんが厳しいので、家の中ではみんな行儀よくしています。でも気持ちには少し差がありそうです。勉強のできるお兄さんはお父さんに認められていて居心地がいいのですが、勉強の苦手な妹は元気がないし、お母さんはお父さんに気を遣っています。

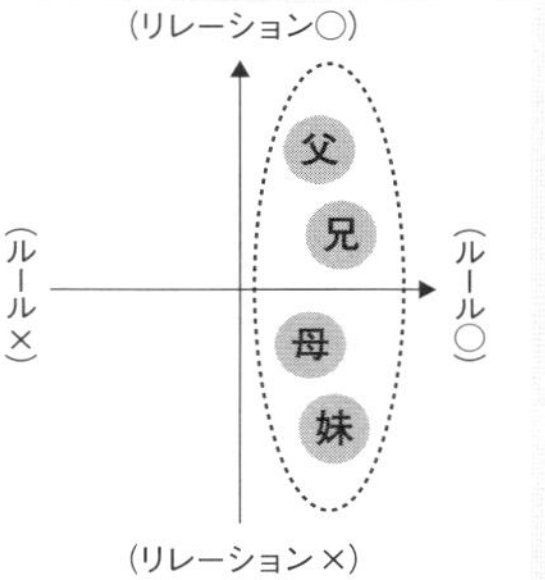

家族の状態

◎親は勉強やスポーツ、音楽などの成績や結果について、子どもへの要求が高くて関心が強い傾向があります。
「お前は絶対にプロ野球選手になるんだ。イチロー選手を目指せ」「何が何でも東大に入り、医者になるんだ」とはっぱをかけたり、「お兄ちゃんは東大に入ったのに、どうして妹のお前は入れないんだ」などと責める家庭もあります。

◎親は小さなことでもすぐにガミガミと叱ってしまう癖があります。

◎子どもは家族といても、あまり楽しくないようです。寂しいけれど、家族と一緒にいるのが苦手で、家に帰ると、すぐに自分の部屋に直行します。

◎家族で買い物や遊園地など、一緒に出かけることはあまりありません。それぞれが外での自分の用事は一人で済ませてしまいます。

◎子どもは、親に負けないくらいはっきりとした強い性格の子どもか、親の前ではおどおどしてしまう神経質なタイプに分かれます。兄妹がこの二つに分かれていて比較されている場合は、弱くて、神経質な子はつらい思いをしています。

課題

◎子どもも大人もストレスがあり、どこかで発散しようとしていたり、それがない場合、内にこもったりして歪んでしまうことがあります。こらえきれなくなると爆発してしまいます。

◎夫婦仲があまりうまくいっていなくて、子どもから見てもなんとなくギスギスした空気を感じる場合があります。

◎家族のつながりに気をつけないと、認められていない子どもは、家に大きなストレスを抱えたり、学校に行けなくなったりすることもあります。

解決策

親子がともに身を正すよう心がけます。

◎食卓では他人の悪口を禁止します。特に、学校の先生の悪口は言わないように心がけましょう。

◎家族それぞれが、必ずやる家事を分担します。「お手伝いチェック表」などを作って、毎日はんこを押すのもよいでしょう。

◎特に子どもの前では、親は損得を判断の基準にしないようにします。物事を正しいか正しくないか、すなわち「正か悪か」で判断して、それを基準にして家族の会話をするようにします。

◎「おはよう」「ありがとう」「おやすみなさい」「いってらっしゃい」などの挨拶を習慣づけます。親が率先して行います。

◎玄関の靴は各自で揃えるようにします。これも親が率先して行いましょう。

◎外食はできるだけ少なくして、家族の食事は家族で作り、同じ時間に揃って食べるようにします（「いただきます」も忘れずに）。

◎毎日きちんと掃除をして、いつも家の中を清潔にしておきます。こまめに片づけましょう。

親と子どもの境界線をはっきりさせ、親として責任のある態度をとります。

◎「ほめる、叱る」のメリハリをつけるように意識します。気分次第でほめたり叱ったりしないようにしましょう。

◎親が仕事をしている姿を、子どもに意識的に見せるのもよいでしょう。

◎門限を設けて、守らなければ厳しく叱ります（ペナルティーを設けてもよいが、それ以前に親として厳しい姿勢を示すこと）。

◎携帯電話の使用時間を親が制限しましょう。たとえば携帯電話の使用は夜の９時までと決めて、９時になったら電源を切ってリビングに置くように習慣づけます。

◎夫婦の間の大人の会話には、子どもを入れさせないようにします。

◎子どもが問題を起こしてしまったら、言い訳や言い逃れなどをせず、迷惑をかけた相手に親としてしっかりと謝罪すること。また親が謝る姿を子どもにも見せましょう。

③ほんわか家族

家族の例：上半分の横に広がっています。
明るく楽しい家族です。にぎやかでエネルギーもあります。友達みたいな家族です。集まるとワイワイ楽しいのですが、ちょっと調子に乗ってしまったり、誰かのわがままでもめたりすることがあります。それぞれに趣味があって楽しんでいます。家のことはお母さんが回していて、お父さんは、少し小さくなっています。妹は最近、兄と仲が良くなくて、なんだかイライラしているようです。

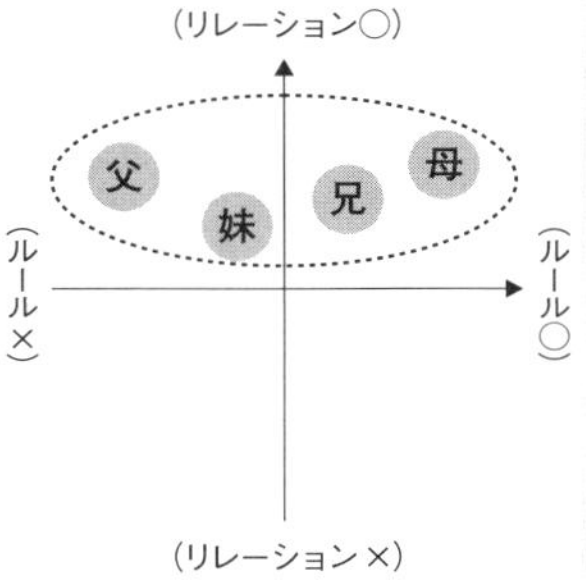

家族の状態

◎親子が友達感覚でつきあっています。
◎夫婦の仲は悪くはないけれど、なんとなくそれぞれが別々に楽しんでいます。
◎家族でカラオケやショッピングなど、外出することがよくあります。
◎親子で誰かに対する不満や悪口を言い合い、そのことで盛り上がることがあります。
◎社会のルールを守ることに、親子ともに甘いようです。
◎基本的に親子とも、学校や役所など、権威があるところ対して批判的な気持ちを持っているようです。
◎損得に対してとても敏感で、そのことをよく口にします。
◎親子ともに「携帯電話命」です。
◎「かわいい、かわいい」と言いながら、いつまでも子ども扱いする。子離れ、親離れができていません。

課題

◎子どもはルールを守ったり、きちんとした生活をしたりすることが煩わしいと感じています。また、実際にルールを破ろうとします。
◎親は、子どもが問題を起こしたりすると、子どもを守ろうとする態度をとるなど、わが子には甘く、家族以外には厳しい態度をとります。
◎子どもは、学校など外の場所では、すこしイライラしてとがっています。本当は心の中で、親としての確固たる行動を求めていますが、親がそれに気づかずに、子どもに擦り寄ってしまっています。
◎過保護や過干渉のままでは、いつまでたっても子どもは自立した人間になれません。大人で自立していない人は、社会が受け入れてくれません。その現実に直面したとき、子どもは親を憎むかもしれません。

さて、以上の三つが大きく分けた家族のタイプです。もちろんはっきりとどれかに属するということではなく、少しずつ当てはまる場合もあるでしょう。あなた自身の家族内での考え方や行動を客観的に判断しながら、プラスの気づきを得ていただければいいのです。

なぜ家族経営が必要なのか？

私がこの項目でもっとも言いたいことは、親は家族を「経営する」という感覚でとらえてほしいということなのです。

経営とは何か。簡単に言えば、一つの集団を導いていくことです。会社の社長であれば、社員を一つにまとめて、より会社が発展する方向へと導いていく。社員一人ひとりが幸せになるように導いていく。それが役割です。それを家庭に置き換えてみてください。家族という集団の中では、父親と母親が協力して家族の経営をして、家族のみんなが幸せになれるように正しい方向へと導いていかなくてはなりません。一つの学級を経営していくのは担任の先生。学校全体を経営していくのは校長先生。みんな同じことだと思います。

では、経営する人間にとってもっとも大切なことは何なのか。それは、はじめに夢や理想、思いを掲げることに尽きます。自分は家族をこのように導いていきたい。こんな学校を作りたい。こんな会社にしていきたい。そういう信念をしっかりと持ち、しかもその夢や理想を常に語ることが大切なのです。

私が陸上部を指導していたときも、常に確固たる目的を持っていました。それは、陸上競技を通して、生徒たちを自立型の人間に育てるということでした。社会に出るときに、しっかりと自分の足で立つことができる。そういう自立した人間になってほしかった。それが唯一で最大の目的でした。そしてそのために日々全力で練習をし、競技においては結果を残していく。結果を残すことによって、生徒たちは自信が持てるようになる。したがって競技で成果を残すことが目的なのではない。それは自立型の人間になるための、一つの目標であり手段にすぎないのです。

私は常にその思いを生徒たちに伝えていました。

「陸上競技を通して、お前たちが自信を持ち、自立した人間になっていけばええんや。競技会で一番になることだけが、すべてではないんやぞ。それを間違えたらあかんぞ」

私はそういう思いを、しつこいくらいに生徒に伝えていました。だからこそ生徒たちは、地に足のついた練習をすることができたのです。「俺はいったい、何のためにこんなにきつい練習をしてるんやろ?」もしも生徒がそんな疑問を抱いたとしたら、それは私自身の陸上部経営の失敗ということになるのです。

思いのすりあわせが家族をつくる

家庭における親も同じことです。あなたは、家族に対する理想を持っていますか？　こういう家庭にしたいという具体的な夢がありますか？　そして、それをわが子に語っていますか？　私はお父さん・お母さんにいつも問いかけます。

「あなたの、家族への夢を教えてください」と。多くの親御さんたちはじっと考え、そして答えます。「やっぱり勉強を頑張ってほしいな」「でも、優しい子にもなってほしいなあ」「人に優しいところが長所なので、将来介護の仕事に就いてほしいな」「幸せな結婚をして、明るく、楽しい家庭を作ってほしいなあ」。

いろんな夢がそこにはあります。実は、どんな夢を描こうとかまわないのです。それが親としての信念であるならば、自分の信じる夢を抱けばいい。ただ、その思いを夫婦で共有し、子どもたちに伝えることこそが大切なのです。もしも子どもが〝お父さんは何を考えているのかサッパリわからない〟〝お父さんとお母さんの言うことは、いつも違う〟などと感じていたとしたら、家族経営がうまくいっているとは言えません。

それを確認するために、「思いのすりあわせ」をすることが必要です。

たとえば、父親と子どもに、別々に質問をします。まずは父親に「あなたが子育ての中で、一番大切にしていることは何ですか？」と聞きます。それに対して「正直な人間に育ってほしい。嘘をつくような人間にだけはなってほしくない」と答えたとします。

今度は子どもに聞きます。「君のお父さんが一番大切にしていることは何？」と。「それは正直な人になることです」。このようにピッタリと答えが一致する場合は、家族経営がうまくいっている証拠です。「お父さんが大切にしていることなんかわからない」「いつも違うことを言うから、何が一番大切かわからない」。そんな答えが子どもから返ってきたとしたら、それは家族がまとまっていない証拠です。いくら親が夢や思いを持っていても、それが子どもに伝わっていなければ何もならない。親子の思いが一つであるからこそ、家族と言えるのだと私は思っています。

会社もまたしかりです。「うちの社長は何を考えているのかサッパリわからない」「部長の言うことはコロコロ変わるから、どう動けばいいのかわからん」。もしもそういう社員や部下がいたとしたら、その組織はやがては行き詰まってしまうでしょう。私は企業の指導や研修を数多く手がけていますが、まずはこの質問を投げかけることにしています。「あなたの会社の社長が抱いている夢を教えてください」「そして社長が抱く夢と、あなた自身の夢には接点がありますか？」と。

こうした「思いのすりあわせ」を、ぜひしてみてください。互いに同じ夢を共有し、一つの目的に向かって進んでいる。そこには一点の曇りもぶれもない。深い信頼関係が築かれている。そういう家族が「いきいき家族」ということになるのです。

（思いのすり合わせのための質問）

「父・母への質問」

①あなたの夢は何ですか。あなたの家族の夢は何ですか。家族の人それぞれについて教えてください。

②あなたはどのような家庭を築きたいですか。

③あなたはどのようなときに家族に厳しくしますか。

④あなたは子どもたちがつらいとき、どのように励ましますか。

⑤あなたの家庭でのルールは何ですか。

⑥また、そのルールは守られていますか。

「子どもたちへの質問」

①あなたの夢は何ですか。あなたの家族の夢は何ですか。家族の人それぞれについて教

えてください。
②あなたの父母は、どのような家庭を築こうと思っていますか。
③あなたの父母は、どのようなときにあなたに厳しいですか。
④あなたの父母は、あなたがつらいとき、どのように励ましてくれますか。
⑤あなたの家庭でのルールは何ですか。
⑥また、そのルールは守られていますか。

（家族が一緒に考える質問）
①いままでの人生・生活で自信が持てたこと
②ありがたかったこと
③本気になったこと
④勇気がわいたこと
⑤泣けたこと
⑥誇りに思えたこと
⑦熱くなったこと
⑧奇跡的だったこと

家族経営に必要な要素

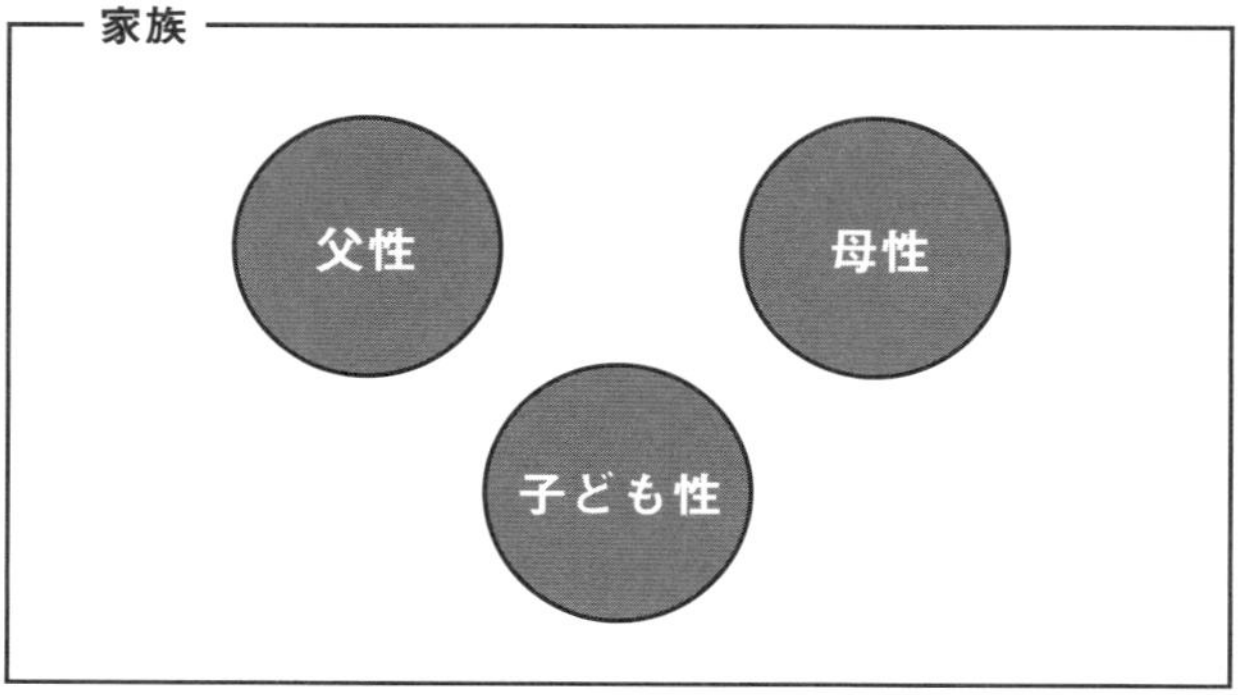

三つのバランスが大事

⑨譲れないほど大切にしたこと
⑩叶った夢

以上のような質問を自身と子どもたちに投げかけ、それぞれが書いた内容を合わせて考えてみてください。家族内でのコミュニケーションの程度や、家族経営者としての思い、家族の実態をつかむきっかけになります。

また、家族が一緒に考える質問を基に家族で会話をすると、家族同士で新しい発見があったり、気づきが生まれたりします。家族内のコミュニケーションも活発になります。家族同士を大切にしたり、それぞれが成長するきっかけを得てください。

さて、家族経営の話に戻しましょう。健全な家族経営のためには、父性・母性・子ども性のバランスが大事です。男性だから父性が多いとは限りません。男性でも、優しい母性をたくさん持つ人もいます。逆に女性でも、父性の強い面を持っている人もたくさんいるでしょう。要はそのバランスが重要なのです。

父親が父性の塊で、母親にも母性が少ないという家族は、どうしても「きっちり家族」になりがちです。反対に両方が母性をたくさん持っていれば、それこそ子どもは甘えきってしまう。おまけに子ども性も突出していたら、「ほんわか家族」の状態がいきすぎてしまいます。まずは自分自身の中に、どれほどの父性や母性があるのか。それを客観的に知り、家族経営に活かしていくことが大事です。

エゴグラムで知る、わが家の特徴

ここで、「エゴグラムテスト」を紹介しておきます。エゴグラムとは、アメリカの心理学者であるエリック・バーンが開発した交流分析法を基に、やはりアメリカの心理学者、J・M・デュセイが作った性格分析の手法です。

エゴグラムでは、人間は誰でも五つの「自我状態」（性格の要素）を持っていると考えます。それはこのようなものになります。

①父性（CP＝Critical Parent）「厳しい父親」のような性格の要素
②母性（NP＝Nurturing Parent）「優しい母親」のような性格の要素
③大人性（A＝Adult）「合理的な大人」のような性格の要素
④子ども性（FC＝Free Child）「元気な子ども」のような性格の要素
⑤素直性（AC＝Adapted Child）「素直な子ども」のような性格の要素

この五つの自我状態にどの程度の時間を費やしているかは人によって様々で、その差によって行動や考え方、気持ちが変わってくるというわけです。

今回は、その五つのうち、家族経営にかかわる特に大切な三つの自我について考えてみたいと思います。

その三つの自我とは「父性・母性・子ども性」です。

①父性（CP＝Critical Parent）厳しい自分。自分の考えに自信を持ち、他人を従わせようとする。意志が強く、やりきる強い心も持っている。

②母性（NP＝Nurturing Parent）優しい自分。他人をいたわり、親切に面倒を見ようとする。励ましたり、ほめたりする心を持っている。

③子ども性（FC＝Free Child）自由な自分。のびのびとした子どもの心。何でも知りたがり、積極的に行動する心を持っている。

この自我の状態は、簡単な質問に答えることでわかります。家族のいまの状態や、親子ゲンカの原因についても、このエゴグラムの結果を用いることで、冷静で現実的な対応をとることができるようになります。このテストを、ぜひともご夫婦でやってみてください。「俺たち夫婦はどちらも父性が強すぎるみたいだな。もう少し優しく接してやることが必要だな」「私たち夫婦は母性の塊みたいね。これじゃあ厳しさが足りないわね。もう少し、わが家でもダメなことはダメと厳しくすることが必要ね」と、話し合いのきっかけにしてください。

また、母子家庭や父子家庭という環境の人もいるでしょう。その場合にも、まずは自分の中の父性的厳しさと母性的優しさのバランスを知ることが大切です。男性でも母性の強い人はいますし、女性でも父性が勝る人もいる。自分はどちらなのかを客観的に把握することで、足りない部分を意識的に補う努力をしていくことです。子どもに接するときのバランスを考えることが大切なのです。

三つの自我で知る〝態度のクセ〟

【エゴグラムテスト】

一一一ページの三十個の質問に、○（はい）、△（どちらとも言えない）、×（いいえ）で答えます。あまり時間をかけずに、どちらかと言うと直感で答えるような感じで、どんどん進めてください。それぞれの答えは、質問の右の欄の白い部分に書いてください。

答え終わったら、縦に集計します。○を二点、△を一点、×を〇点として計算してください。縦に集計した結果を、CP、NP、FCの欄に書いてみてください。いかがですか。各項目は、〇～二十の点数で出ているはずです。その点数を例にならって、グラフに表してみてください。

もっとも高い点数（あるいは二十点満点）になっている自我は、あなたが普段からよく使っている自我ということになります。反対に、もっとも点数の低い自我は、あなたが普段からあまり使っていない自我ということです。

エゴグラムテスト

1	子どもには、できる限りの愛情を注いであげたいと思いますか。			
2	子どもには、厳しくしつけをしていますか。			
3	子どもと一緒に遊ぶのは好きですか。			
4	「おいしい〜」「やったぁ〜」「かわいい」「かっこいい」といった言葉をよく使いますか。			
5	あなたは、優しい父・母だと思いますか。			
6	ついついお説教くさくなってしまいがちですか。			
7	「ダメじゃないか」「……しなくてはいけない」という言い方をよくしますか。			
8	子どもと一緒にアニメや子ども向きのテレビ番組を楽しめますか。			
9	子どもや妻・夫が失敗しても気になりませんか。			
10	子どもと一緒に羽目を外して遊ぶことが好きですか。			
11	子どもを叱るときに大声で怒鳴ったりしますか。			
12	子どもは自由奔放に育てたいと思いますか。			
13	父・母・夫・妻として、責任感があると思いますか。			
14	子どもや夫・妻の欠点よりも、長所を見るほうですか。			
15	あなたは、人見知りせずに人の輪の中に入っていけますか。			
16	自分は家庭を引っ張っていく役割を果たしていると思いますか。			
17	子どもや夫・妻の世話をするのが好きなほうですか。			
18	あなたは子どもに対して、礼儀・作法にうるさいほうですか。			
19	子どもと一緒にふざけたり、はしゃいだりするのは好きですか。			
20	子どもの頭をなでたり、抱きしめたり、スキンシップをよくしますか。			
21	子どもや夫・妻に言いたいことを遠慮なく言うことができますか。			
22	最近のお父さん、お母さんは子どもを甘やかしすぎていると思いますか。			
23	家族が喜ぶことをすることが好きですか。			
24	家庭や学校（幼稚園・保育園）のルールは守るべきだと思いますか。			
25	あなたは明るく、よく笑うほうですか。			
26	子どもが困っているのを見ると、手助けしたくなりますか。			
27	テレビや映画を見て、よく泣いたり、笑ったりしますか。			
28	夫・妻や子どもが間違いをすると、すぐにとがめますか。			
29	子どもの話をよく聞いてあげますか。			
30	「よかったね」「よくできたね」という言葉をよく使いますか。			
		CP	NP	FC

集計表

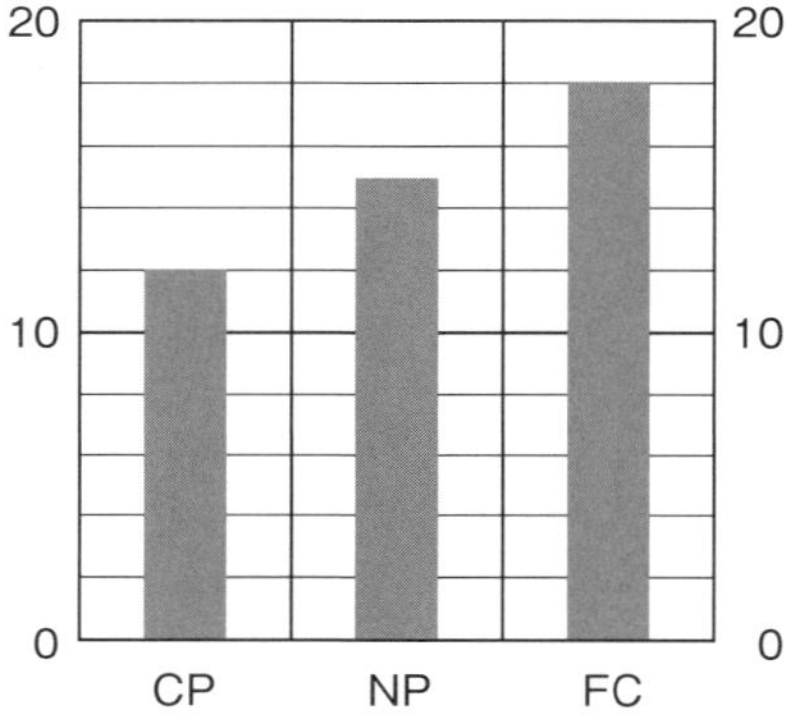

【結果例】

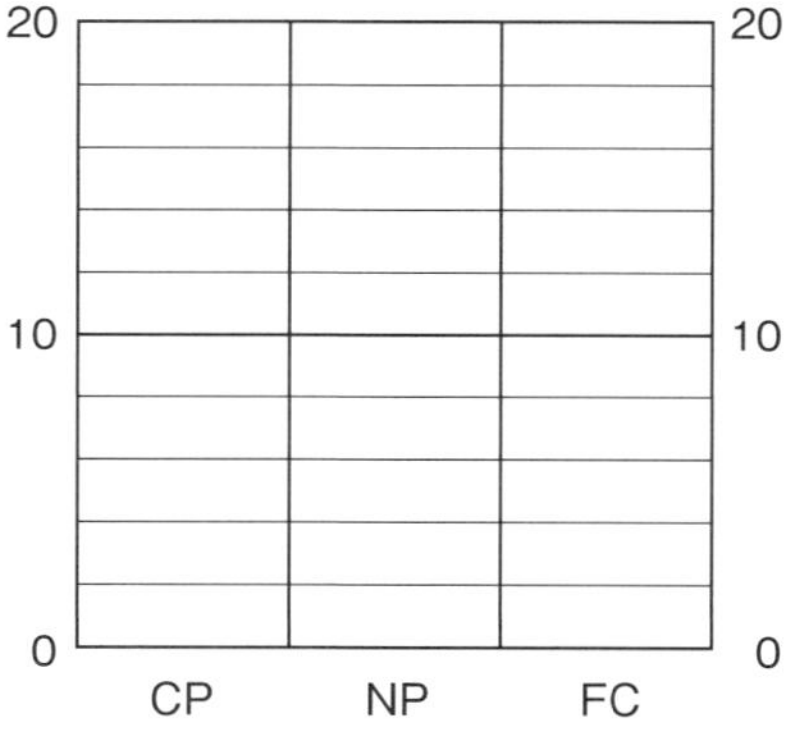

【あなたの自我】

　ここで気をつけなければいけないことは、「点数が高いから良い」というわけではない、ということです。それぞれの自我は、前述したような特徴（自分の考えに自信を持つ、他人をいたわる、のびのびしている、など）を持っているのですが、それが必ずしもプラスの要素ばかりではない、ということです。次に代表的な状態を簡単にまとめてみました。

【父性＝ＣＰ】
プラス面……責任感が強い、信念がある、リーダーシップを発揮する、正義感が強い
マイナス面……厳しすぎる、口うるさい、攻撃的、自己主張しすぎる
【母性＝ＮＰ】
プラス面……優しい、親切、思いやりがある、人を元気づける、気配りができる
マイナス面……甘やかす、過保護、自立心を妨げる、わがままを許す、依存心を助長する
【子ども性＝ＦＣ】
プラス面……天真爛漫、明るい、エネルギッシュ、自発的、好奇心旺盛
マイナス面……わがまま、自己中心的、無責任、人のペースや場の空気を考えない、持続力がない

あなたの持つ自我の中で、もっとも点数の高かった自我、それがいわゆる「あなたらしさ」となって表に出てきます。母性（ＮＰ）の点数が高い人は、その特徴がプラス面もマイナス面も一緒になって、普段の生活や言動にも自然と表れるものです。プラス面に関しては問題ありませんが、無意識のうちに表れてしまうマイナス面については、意識して出

さないようにしたほうが賢明だと言えます。子どもに対する態度が「優しさ」と出るか「甘やかし」と出てしまうかは、あなたの意識の持ち方次第だからです。

「うちは子どもには厳しく接しています」というご家庭も、いま一度、その「接し方」の中身について考えてみてください。子どもが何か失敗をしたときに、厳しく叱ってあげる父性と、理由も聞かずに怒鳴り散らすだけの父性は、まさに「似て非なるもの」。

一般的に、父性のマイナス面が多く出てしまう家庭では、子どもの「子ども性＝ＦＣ」は、低い点数になりがちです。親がマイナス面で接しているのですから、その影響が子どもに出てしまうのは当然のことです。

もっとも点数の低かった自我については出にくい要素ですから、その低い点数の中でもできるだけプラス面を発揮できるように意識することが大切です。厳しさ＝父性（ＣＰ）の点数が低い結果が出たお母さんは、子どもを厳しく叱ることは苦手だとしても、絵本や童話などを通して世の中の善悪を教えたり、信号などの交通ルールを守ることを丁寧に教えたりすることはできるのではないでしょうか。正義感や道徳心を育てるには、父性（CP）が大きな役割を担うと考えられます。点数が低いから、高いから、ではなく、家族のより良い関係づくりと、子どもを育てるより良い環境づくりのために、お互いが自我のプラス面を発揮することを意識しながら生活することが何より大切です。

自分を高めるにはコツがある

では最後に、それぞれの自我を高めるヒントとなる行動について記しておきます。これは、点数を上げる、というのではなく、それぞれの自我が持つプラスの面を高める、というように考えてみてください。

父性（ＣＰ）を高めるためには、まず、「自分に厳しく」することが大切です。自分に対して「まあいいか」というあいまいな態度をやめることで、父性のプラス面が高まります。たとえば、待ち合わせの時間を守ることは、大変効果的です。家族や友達との待ち合わせで、いつもは時間ギリギリか遅れ気味、という方は、十四時の待ち合わせなら、自分の中では十三時五十分の待ち合わせのつもりで行動してください。また、家計簿をつける、支払い期限を守るなど、お金に関することについても、厳格な態度を心がけてください。父性（ＣＰ）は「相手に対して厳しい」、つまり「強い態度、発言」と、とらえることもできますが、「きっちりとした態度」という考え方をしてみると、改善できる点がたくさん見えてくるのではないでしょうか。

自我のとらえかた

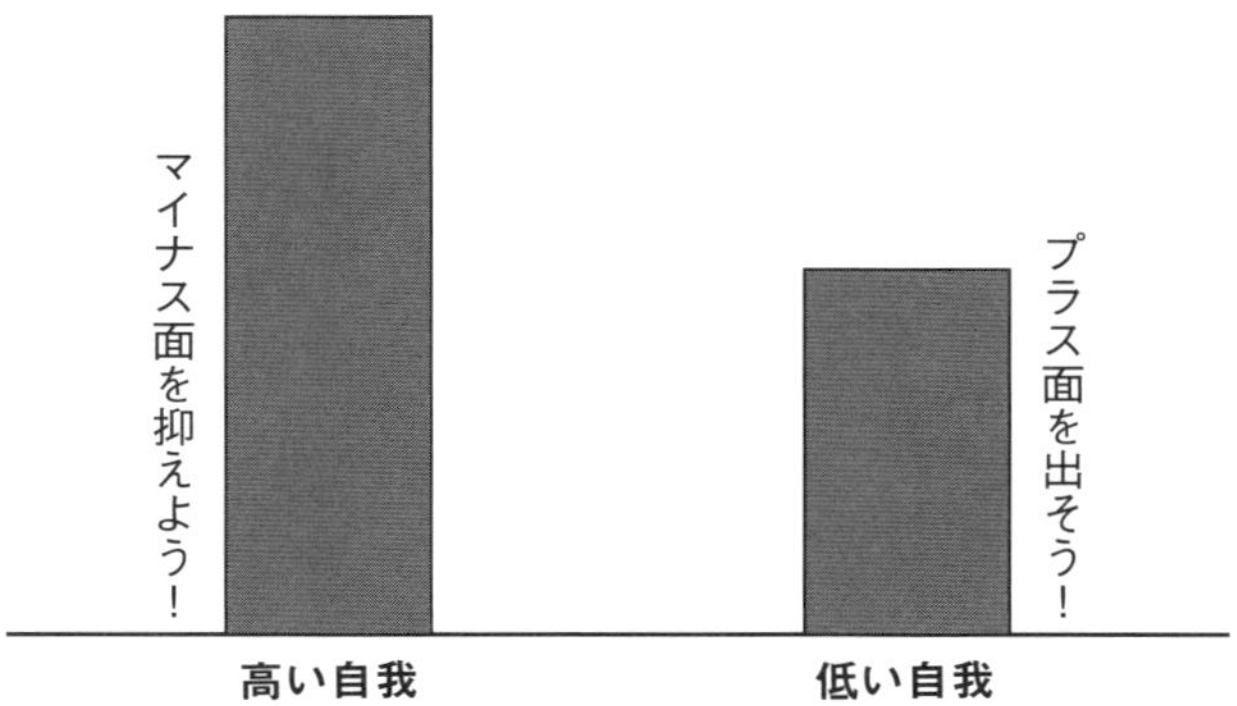

【父性を高めるヒント】

・どんなときでも自分の意見を言う練習をする。

・目標を持ち、必ず実現するまでやり続けて自信を養う。

・日誌を書き続け、目標達成への努力を日々実行する。

・〝まあいいや、何とかなる〟というなげやりな態度をとらない。

・イエス・ノーをはっきり伝える。

・他人を甘やかさない、良くないことは叱る。

次に、母性（NP）を高めるにはどうすればよいでしょうか。NPは優しさの自我ですから、自分の行動や発言、雰囲気に柔らかいオーラをまとうことが大切です。

たとえば、いつもはしないおしゃれをしてみる、少しメイクを変えてみるなどということも、ＮＰのプラス面を高めるには効果的なようです。また、草花の手入れをすることも、あなたの持つ優しさを引き出すことになります。小さな観葉植物の世話をする、キッチンに少し切り花を飾ってみる、という行動は、柔らかなムードを演出してくれます。

また「～してあげる」という姿勢で、相手に接することが大切です。周囲の人に関心を持ち、電車の中で座席を譲る、重い荷物を持っている人を助ける、といった行動は、ＮＰのプラス面を高めてくれます。家族に対しても、自分のことを主張する前にまず、相手の話を聞く、そのときにも目を見て、うなずき、相づちを入れて、という丁寧な態度を心がけてください。

【母性を高めるヒント】

・他人の世話をすすんでする、世話役を積極的に引き受ける。
・相手の悪いところは許し、良いところを見つけてほめる。
・小さな子どもの世話をする。子どもを抱いてあげる。
・ボランティア活動、奉仕作業に参加する。
・心をきれいにする活動を継続して行う。

・自然を観察し、動物や草花に声をかける。

最後は、子ども性（ＦＣ）です。

子ども性は「素直さ」を表す自我ですから、自分を無理に抑え込まず、素直な感情を表現することを心がけます。日常的にできるもっとも簡単なことは、「嬉しい」「やったー」「おいしい」など、そのときの感情を表すプラスの言葉を、意識して声に出してみることです。また、自分の子どもと接するときには、「よかったねー」「すごいねえ」「えらいね」など、意識して言葉に出し、一緒に喜び、楽しむようにしてください。

さらに、自由な発想や想像力を刺激することも、子ども性を高めることにつながります。音楽や絵画・映画鑑賞を楽しむ、カラオケに興じる、スポーツ観戦をする、または自分でスポーツに取り組んだりすることも、効果的です。

【子ども性を高めるヒント】
・海外旅行をする。時にはひとり旅も効果的。
・派手な服装をする。ネクタイを変えてみる。
・おしゃれに気を配る。自分のいいところを他人に見せる楽しみを味わう。

・芸術を楽しむ。コンサートや美術館に行く。
・自然に親しむ。自然の変化を楽しむ。
・落語を聞いて、面白いところは大きな声で笑う。
・幼い頃のハッピーな体験を振り返り、リピートする。

以上は、それぞれの自我を高めるヒントとして参考にしてください。より具体的に知りたい方は、書店にもエゴグラムの専門書はたくさんありますので、ご覧になってください。

そのときの感情や自分の考え方の無意識の傾向に流されるばかりでなく、自分の思考や行動をコントロールし、それぞれの自我の特徴を知った上で適切な行動をとることが、より良い家族経営のために、とても重要になります。

エゴグラム、という観点から、家族の状態や子どもと接するときの自分の態度の「クセ」を十分に理解し、健全な家族経営の力を養っていただきたいと思います。

不登校は家族の力で解決できる

この項目では、不登校や非行を家族の視点で考え、解決する方法について紹介したいと

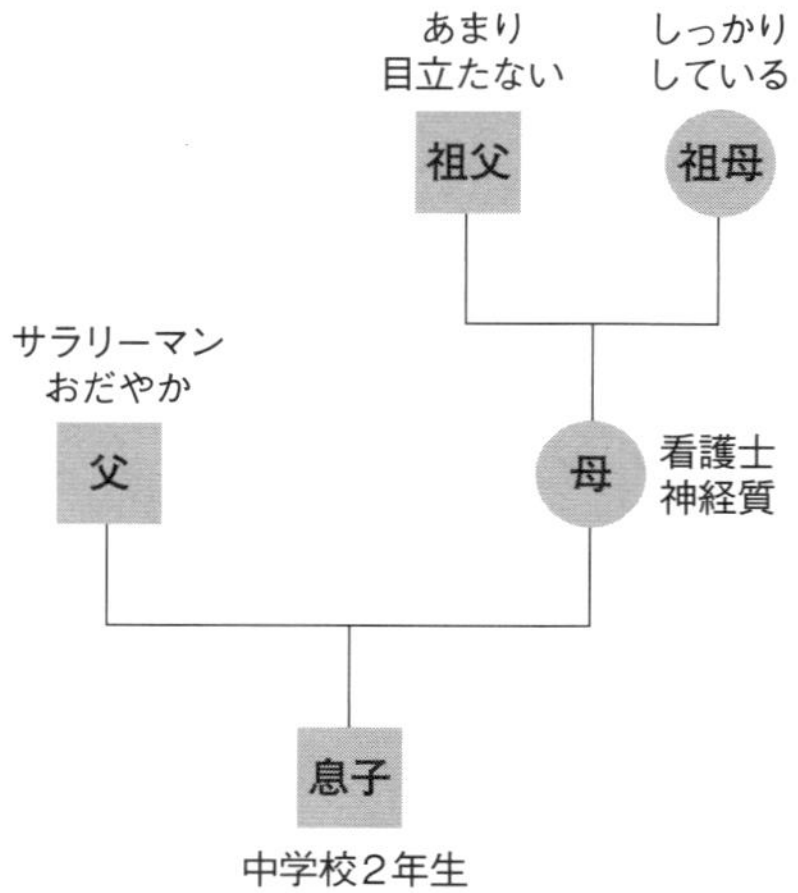

思います。

上の図を見てください。これは、ジェノグラムといって、家族の構成を家系図のようにしたものです。さて、この家族では、どんなことが起きているでしょうか。考えてみてください。親子の関係は？　夫婦の仲は？　おじいさんやおばあさんは？　そして、息子さんは？

実は、このご家族では、中学校二年生の息子さんが不登校です。中学校一年生の秋から学校に行くことができなくなってしまいました。担任の先生は、この生徒が登校して楽しく学校で過ごせるように一生懸命努力をしたのですが、うまくいきませんでした。学校でいじめられたり、勉強ができなくて学校に行きたくなくなったわけでもありません。どうやら、家族の在り方に何かがありそうです。

この家族では、おばあさんがとてもしっかりしていて、家のことについて、どうするかを最後に決めるのはおばあさんです。このおばあさんは、たった一人の孫のことが気になって気になって仕方がありません。孫の教育についても、いつもついつい口を出してしまいます。お母さんはそんなおばあさんのプレッシャーがあるのでたいへんです。また、お母さんは少し神経質な方ですので、イライラして息子さんには口うるさくなるし、お父さんに対しても、ピリピリとした態度をとってしまいます。家の中で、お父さんは少し居心地が悪そうです。優しい方ですので、おばあさんやお母さん、そして息子さんにも、ピリッとしたことが言えません。でも、そのことがいっそうお母さんをイライラさせているようです。

さて、どう思われましたか？ たぶん「お母さんがダメ。思春期になって、そんなに子どもにうるさくしていたら、元気がなくなって学校に行きたくなくなる」とか、「おばあさんがよくないなあ。おばあさんがしゃしゃり出れば出るほどお母さんはイライラするし、お父さんは元気がなくなって息子にかかわれないな」「違うなあ。お父さんが……」などと考えたのではないでしょうか。

確かに間違ってはいませんが、仮にそうだとしても、家族の誰かを犯人にして忠告すれば、息子さんは学校に行くことができるのでしょうか。みなさんがこのご家族の一人で、誰かにそんなことを言われたら、どうでしょう。たぶんすごくイヤな気持ちになると思います。

このように誰かを犯人にする考え方を「因果論」と言います。これは、いまの医学や科学では欠かせない考え方です。たとえば、病気になる原因を突き止めて治療をすることで、病気は治ります。でも、この家族の場合はどうでしょうか。なかなかうまくいきそうにありません。

「因果論」に対して「システム論」という考え方があります。物事は、いろいろなことが絡み合って、血液が体を巡るようにシステムとして循環している。何が原因だとか結果だとかを突き止めようとしてもきりがないし、あまり意味がないという考え方です。このご家族の場合も、それぞれの思いが順々に絡み合って息子さんの不登校が起きていると言えます。

家族はその形を保とうという性質を持っていて、お互いを引きつけ合う「引力」が働いています。そして、それが崩れそうなとき、つまり、家族がバラバラになりそうになったときに、もっとも敏感な者がこの危機を乗り越えようと行動します。家族の中でもっとも敏感な者とは誰でしょう。そうです。子どもです。そう考えると極端かもしれませんが、

不登校が示す家族の問題

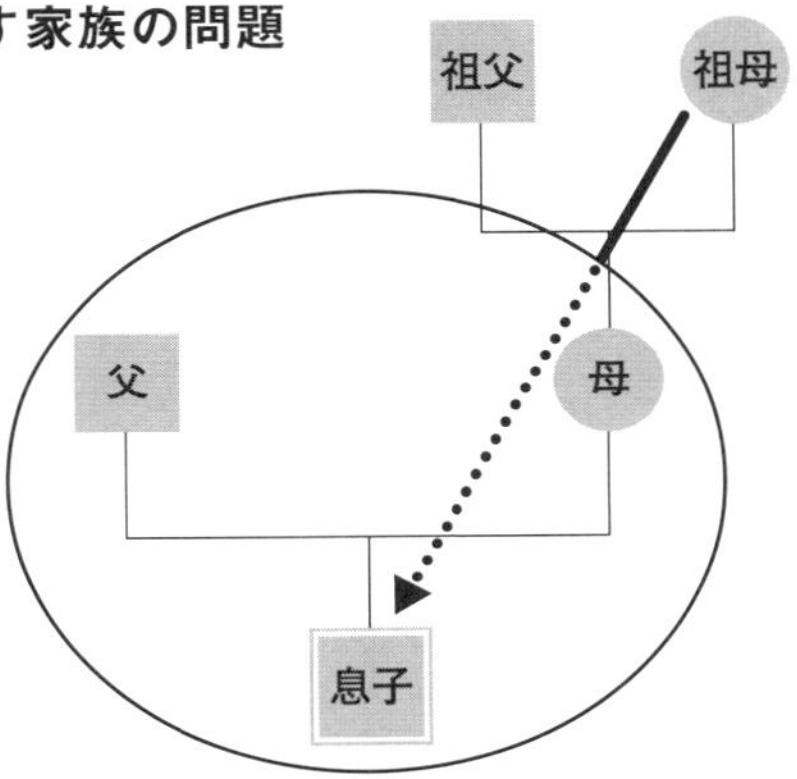

不登校になることで、
父母のつながりを
強めている。

この息子さんは必要があって不登校になっているとも言えます。不登校になることで、家族の形が崩れてしまわないようにしているかもしれないということです。

実際に、このご家族では、息子さんが不登校になるとお父さんが頑張って何とかしようとしました。そうすると、お父さんとお母さんの結びつきが強くなって家族は安定します。お母さんはイライラしなくなって、息子さんはしばらくすると学校に来ることができました。ところが、お母さんが安心して仕事に行きだすと、おばあさんがまたお孫さんのことにかかわって……。お母さんがイライラして……。お父さんがあまり口を出せなくなって……。また息子さんは不登校になって……。を繰り返しました。

では、どうしたらいいでしょうか。不登校になる必要があって不登校になっているのですから……。答えは、不登校になる必要がない家族になることです。「え！　そんなことができるの⁉」と思われるかもしれませんが、よく考えてください。家族をシステムとしてとらえると、どこか一ヶ所が変われば、全体にその影響が及ぶと言えます。

たとえば……。お父さんが帰ってきたときに、お母さんがスッとお茶を出すようにしたとします。お父さんはどんな気持ちになるでしょうか。なんか嬉しいですよね。それだけで「よし、子どものために、いっちょ頑張るか！」という気分になります。息子さんも、お母さんのやったことを見てなんだか嬉しくなります。お母さんと息子さんは安心して気持ちが穏やかになります。その結果として、息子さんは学校に行けるようになるかもしれません。

「お父さんにお茶を入れること」と「子どもが学校に行けるようになること」は無関係に見えて、家族のシステムの中では、とても関係が深いことなのです。実際に、このようなやり方で、子どもの課題が改善された例はたくさんあります。子どもが学校に行かないことばかりに気をとられるのではなくて、自分の行動をちょっと変えるだけで変化が起きるかもしれません。「システム論」の良い点は、気楽だし、いくらでも手だてを発想できることです。

少しだけコツを書いておきます。家族をシステムと考えるときのルールがあります。それは「おじいさんとおばあさん」「お父さんとお母さん」「子どもたち」という世代のグループが、それぞれのグループの中で、メンバー同士しっかりと結びつくようにすることです。決して世代を飛び越えた関係が、世代の中のメンバーよりも強くなって、絡み合ってしまってはいけません。この原則が破られると、子どもの心はしぼんできて不登校になることが多いようです。このような家族を網状家族（もつれ家族）と呼ぶことがあります。

親は子どもの友達でも支配者でもない

次の家族を見てください。

四人家族で、中学校一年生の男の子が学校に来ることができません。お母さんは中学校三年生の男の子にとても期待していて、少し過干渉です。最近、中学校三年生の男の子はお母さんに反発して暴力をふるっているようです。それに対してお父さんは、あまりはっきりしない態度をとっています。どうやら、中学校一年生の男の子は不登校をすることで、お母さんの関心とお父さんの関心を引いて、夫婦のつながりを強めたり、お兄さんの暴力を止めさせたりしているように見えます。

もつれ家族

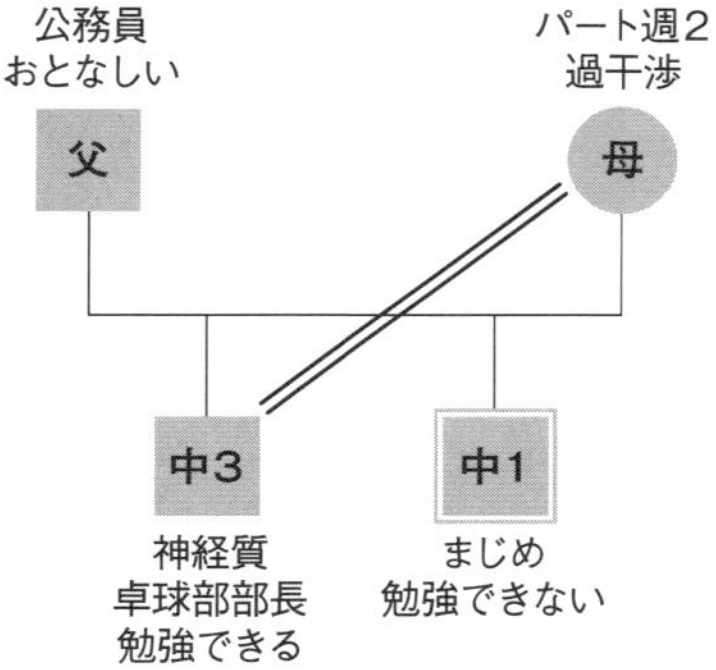

さて、あなたが中学校一年生の男の子の担任の先生ならどうしますか。

先ほどの原則に従えば、夫婦のつながりや兄弟のつながりを強めればいいのです。

担任の先生は、親を学校に呼ぶときは必ず夫婦で揃って来ていただき、二人で話し合う時間を作るように工夫をしました。また、以前担任をしたことがある中学校三年生の男の子と中学校一年生の男の子を、時々食事に誘って楽しく雑談したり、一緒に勉強させたりしたそうです。すると、徐々に不登校は改善していきました。

家族を健康的なシステムに整えていく方向性は、世代のグループ（一二七ページのジェノグラムでは◌）が協力するようにすること、そして、世代の間は境界線（ジェノグラムでは━）を作った上で、親は親、子は子としての位置づけでしっ

世代のグループ

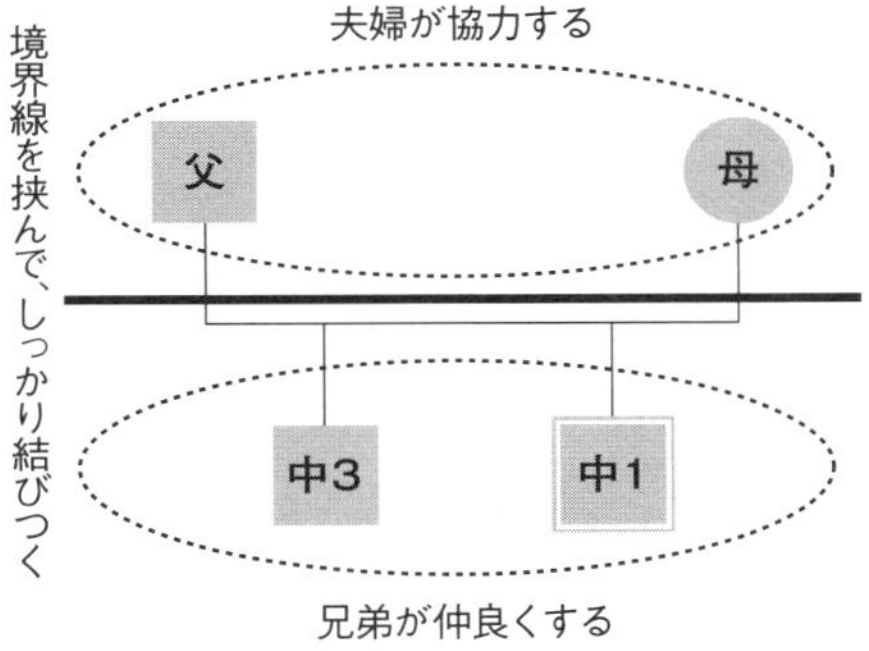

かりと結びつくことです。

逆に、家族の関係が薄すぎるのもよくありません。一二八ページの家族を見てください。

このような家族を先ほどの網状家族に対して遊離家族（バラバラ家族）と呼びます。このとき子どもは、家族がバラバラなので、親をつなぎ止めようと目立つ行動をとります。他人を傷つけたり、暴れたり、物を壊したり、法に触れることをしてしまったり……。そうなると、親は警察署や学校に行くなど嫌々でもこの子のそばにやってこなければなりません。なんだか子どもが悪者になって、けなげに家族の絆を守っているようにも見えます。

この家族に対して、中学校二年生の男の子の担任の先生がしたことが面白かったのです。なんと、

バラバラ家族

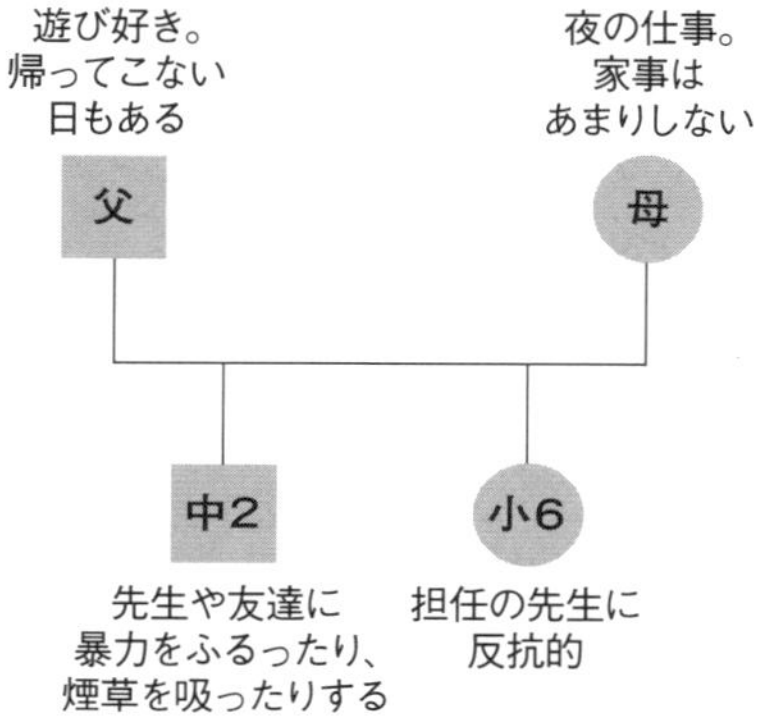

子犬を持って行き飼ってもらったそうです。おかげでお母さんもお父さんも子どもたちも、順番に世話をしなければならないのでたいへんだったそうですが、子犬のことで共通の話題ができたそうです。それから先生は、家庭訪問のたびに観葉植物を持って行ったり、お父さんに頼みごとをしたり……。家族が絡まるように絡まるように次々と仕かけを打っていきました。子どもに対しては何もしていないのに、一ヶ月もすると、中学校二年生の男の子は何だか落ち着いてきて、この先生になついたそうです。すごい先生ですね。

家族のシステムを動かすための考え方として〝世代を超えて絡み合っているな〟と感じたら、そこをバラバラにするように。〝バラバラだな〟と思ったら、絡み合うようにいろいろな方法を試すのがよいようです。

親は子どもの友達でも、支配者でもありません。とても当たり前のことですが、夫婦が仲良く協力して、親としての役割をきちんと果たすことが、もっとも大切なのです。

不登校をなくしたい

わが子や生徒が不登校の傾向を示すと、親や教師は専門家に相談します。スクールカウンセラーや精神科の先生などです。カウンセラーは心の悩みを、じっくりと聞いてくれます。それに対しての良し悪しには触れずに、ひたすらに相手の話に耳を傾ける。この方法は結果を求めるわけではありませんから、患者にとってカウンセリングの時間は、とても心地良い時間になるわけです。もちろんこういった療法は、患者の心を癒すためには重要なことです。

しかし、次のようなことも考えられます。

たとえば不登校の子どもの母親が相談に訪れる。「うちの子は、小学校二年生のときから三年間も不登校なんです。どうすればいいでしょうか」。そのときに「そうですか。三年間も不登校ですか。それは、たいへんでしたねえ。でも、焦ることはありませんよ。三年間学校に行かなかったのですから、三年間かけてゆっくりと治していきましょうね」

母親としては、そう言われると少しは安心するでしょう。子どもにしても、無理やり行かされることはないと、ホッとするでしょう。この方法は、育ちの中で不登校が起きたのだととらえていますから、治すのにも当然同じ時間を必要とします。でも、もしその子どもの不登校を三年間かけて治すとしたら、中学生になってしまいます。そこでもうまくいかなければ義務教育は終わってしまいます。そのとき、いったい誰が親身になって、家族の方を支え、この子どもに一人前の社会人としての力をつけてくれるのでしょう。

不登校で困っている家族に優しく接するのは大切なことですが、私は「たいへんでも、何とか救い出してあげたい」と思います。

「無理して学校に行かなくてもいいよ」教師や親、あるいはカウンセラーからそう言われれば、ここぞとばかりにサボり始める子どもも出てきます。本来は心の病などではないのに、不登校を装う。最初は単純なサボりだったものが、いずれは本格的な不登校へと進行していくという実例を多数見てきました。

そこで私は、対処療法を研究しました。行動療法や認知行動療法、家族療法などと呼ばれるものです。家族療法については、前のところで触れた「家族はシステム」ととらえる方法です。

行動療法・認知行動療法というのは、まず子ども自身に具体的な目標を設定させて、それを達成するために少しずつ小さなステップを踏み、自信をつけさせながら登校へ導く方法です。家に引きこもって、じっとしていることを喜んでいる子どもはいません。本当は外に出たいけれど踏み出せないでいるのです。ならば、不安を取り除いて、ベッドから玄関、玄関から家の前の電柱、そして登校途中の公園、夜の学校……と立てた目標に辿り着けるように、導いてあげるのです。家族療法と同様に、行動療法も認知行動療法も原因にとらわれるよりも、実際に元気よく学校に通えるようになることを大切にしているわけです。

「学校というのは大切な場所なんだぞ。ただ勉強するだけでなく、友達や先生との関係性を学ぶことで、一人前の社会人になることができるんだ。行かないのは自由かもしれないけど、君のためを考えれば、絶対に行ったほうがいいんだよ」

学校に行く大切さ。学校の楽しさ。そういうものを伝えながら、具体的な目標を立てさせる。まずは教室に行くのではなく、保健室でも職員室でもいい。とにかく朝は学校という場所に行くこと。それができれば、今度はクラブ活動だけでも頑張ってみる。そうして一歩一歩進ませることで、やがては不登校を改善させる。これからは、こうした対処療法を多くの現場で実践していくことで、不登校を減らそうと考えています。

第四章

親づくり・自分づくり

親に必要な〝かかわり力〟

誰でも子どもができたら自然に「親」になるのではありません。「親」になるよう努力して、ようやく「親」になるのです。このことを知っていると、子どもへの接し方が変わってきます。では、そのためには何が必要になってくるのでしょうか。

それは「教育」という一言に尽きます。教育とは何かと考えると、私は「かかわること」だと思います。

ノーベル平和賞を受賞したマザー・テレサの功績や人生については、みなさんもよくご存じのことと思います。彼女の有名な言葉に次のようなものがあります。

「愛の反対は憎しみではなく、無関心です」

「この世で最大の不幸は戦争や貧困などではない。むしろそれによって見放され〝自分は誰からも愛されていない〟と感じることです」

この言葉に私は教育の本質を見ます。人間関係において、腹が立つとか嫌いといったマイナスの感情を持たれているほうが、場合によってはまだましであるということです。

「ネグレクト（育児放棄）」という言葉を、昨今耳にすることが多くなりました。これは子どもに対して食事を与えない、お風呂に入れない、病院に連れて行かない、外に閉め出すなどの行為をすることですが、英語の「ネグレクト」という言葉は「無視する」という意味に当たります。このネグレクトが続くと、死を伴う悲劇も生みます。

子どもとのかかわりが必要な時期にかかわりをやめてしまうと、命に危険を及ぼすような悲劇が本当に起こるのです。食事を与えないというような肉体的な虐待にとどまらず、話を聞かない・しない、ほめない、叱らない、といった精神的なネグレクトも、確実に子どもの心に大きな傷を残します。

私は研修でよく「ペア活動」をしてもらいます。そして、お互いのスピーチを聞いたあとには、その評価を交換し合ってもらっています。

そのときにいつも言うのが、「遠慮しないでください」ということです。研修のときだけの関係なのだから、当たり障りのないことを伝えてその場を丸く収める、という考え方もあるかもしれません。しかし、それでは真剣にスピーチをした相手に対して、失礼になると思いませんか。また、自分が本気でスピーチをしたのに、相手の評価がオブラートに包んだような遠慮したものであったとしたら、拍子抜けしませんか。

その瞬間だけだからこそ、逆に「真剣にやってください」と私はいつも伝えています。

本気・真剣の反対は遠慮です。人間関係における遠慮は、相手の本気を台なしにしてしまい、やる気をそいでしまうことになります。

何度も言うようですが、教育とは「かかわり」なのです。そして、それは一瞬一瞬をどれだけ大切にしているか、ということなのです。

子どもには特別なことをする必要はありません。毎朝の「おはよう」、寝る前の「おやすみ」といった日常的な挨拶、「ありがとう」「ごめんなさい」という感謝の気持ち、そして目を見て話すこと。このことを意識して積極的に子どもとかかわっていくことが、何よりの教育であり、親として子どもにできる最大のプレゼントだと思います。

かかわりの数と質で、人は育ちます。無視しない、遠慮しない。どうかこのことをしっかりと胸に留めて、子どもたちと向き合ってください。

責任を負う覚悟ができていますか？

「子どもはのびのびと優しく育てることだ」「自主性を重んじて、個性を伸ばしてやるのが教育だ」。そういう考え方が二十年近く前から主流になってきました。悪いことをしても、厳しく叱らない。厳しく叱れば、子どもの心が傷ついてしまう。そんな流れがあるため、「原田は厳しすぎる」「原田は軍隊みたいや」などとよく言われたものです。

完全に教育の現場から父性が失われている。そのことに私は危機感を感じています。厳しさとは何なのかを、明らかに履き違えている人が多い。企業研修などにおいても、「もっと父性を押し出してください。厳しさがいまの時代には必要なのです」と、私がそういう講義をすると、いきなり会社に戻って怒鳴り散らしたりする人がいます。厳しさを、大声で叱ることだと勘違いしている。これは、まったくピントがずれています。

厳しくするとはどういうことなのか。まずは前提として、その人間にどうなってほしいのかという思いがなくてはなりません。仕事ができる人間になってほしい。取引先の人から信頼される人間になってほしい。まずは、そのイメージを教える側がしっかりと持つことが大切です。

そしてそのために、道を外れないように指導していくこと。日常的に厳しくする必要はありません。ただし、道を踏み外しそうになったときには、どんな厳しい言葉を使ってでも修正してあげる。部下がそれを受け入れなければ、受け入れるまで叱り続ける。たとえ部下が反発しようとも、絶対に譲らない一線というものを固持する。その強さこそが父性であり、厳しさなのです。厳しさとはつまり、「社会の厳しさを教えること。社会で通用するように自立させること」と言えるでしょう。

子どもの教育もしかりです。基本的な態度教育やしつけに関しては、絶対に大人が譲ってはいけません。〝まあ、ちょっとくらい挨拶しなくてもいいか〟〝先生に対する口の利き方がなっていないけど、それもまたいまの風潮だから仕方がないか〟こういう甘えた考え方をしていると、学校全体がぬるま湯につかったようになってしまうのです。教師と生徒がすっかりなれあってしまう。それが学校の荒廃を招くことになるのです。

生徒が教師に対して友達のような口を利く。教師も注意することなく、ニコニコと生徒と戯れている。一見するとうまくいっているかのようですが、そこには明らかに父性が欠けています。生徒の甘えと教師のなれあい。そういう状態が日常化したときに、不登校やいじめの問題が出てきます。恐ろしい話ですが、それは例外なく起きるものなのです。

こういった教育現場の甘えの構造の裏には、教師と親の姿勢や考え方に問題があります。子どもが問題行動を起こすと、感情的になる親がいます。

「うちの子は、そんな子ではありません。先生がよく注意して見てくれていないから、こんなことになってしまったのです。これは学校の責任問題です」

親からのクレームを聞いて、教師は職員室で不満を爆発させます。

「子どものしつけは、家庭の責任だろう。自分ができていないことを学校の責任にされたらたまらないよなあ」

親は親としての在り方を反省しないで、学校を責める。教師は自分たちの責任感の薄い中途半端な教育に問題があることに気づかないで、他人ばかりを責める。まさに「他責の念」だけがそこにはあります。それを横で見ている子どもたちはどう思うでしょうか。〝何かあっても、人のせいにしていればいいんだ〟〝自分は反省なんかしなくていいんだ〟と開き直ってしまいます。

どうして他人のせいにばかりするのでしょうか。それは、自分に自信がないからです。自分の生き方に自信を持っている親は、先生のせいになどしません。「ああ、自分の親としての在り方がなっていなかった。もう一度ちゃんと教えてやらないとダメだ」と考える。そしてしっかりとわが子と向き合おうとします。

同じく教師も、自分の指導方法に自信を持っている人間は、まずは自分について考えます。問題の解決を自分に求めます。

「お前がこんなことをしてしまうのは、俺の力が足りないからだ。お前だけの責任ではない。すまなかったな。これからは、もっと本気で向き合うからな。絶対にお前を立ち直らせてやる」

生徒の目を見てそう言うでしょう。その気持ちは必ず子どもに伝わります。自分が責任を背負う潔さ。親や教師に本気の思いを感じ取ったとき、子どもは新しいスタートを切ることができるのです。

〝長所百個書き〟で自信をつける

コミュニケーションという言葉があります。これは一般的には他人との関係性を指していますが、本当に大切なことは自分自身とコミュニケーションすることだと私は考えています。まずは、親であるあなた自身が自分を見つめる作業をする。自分という人間は何なのか。何が得意で何が不得意なのか。いったい自分はどうしたいのか。それらを自らに問いかけること。

「主体変容」とは、まさにそういうことなのです。他人との関係がうまくいかない。どうしてあの人は私に合わせてくれないのだろう。私の望むようにしてくれないのだろう。そんな「他責の念」では、何も解決できません。

まずは自分を見つめ直す。子どもや他人との関係がうまくいかないのなら、相手の責任にするのではなく自分が変わればいい。自分が主体となって、自分が変容していく。そこにこそ解決策があるのです。はじめに相手を変えることは不可能です。相手に変わってほしいなら、まず、自分が変わる努力をすることです。だからこそ、自分自身とコミュニケーションを取ることが重要なのです。

自分を知り、もっと自信を持つためにはどうすればいいか。私はその一つの方法として「長所百個書き」をすすめています。「思いやりがある」「字がきれい」「走るのが速い」「指導するのが得意」。何でもかまいません。とにかくあなたが自分で長所だと思うことを百個書いてください、と言っています。

実際にやってみると、なかなか百個は思い浮かばないものです。なかなか思い浮かばないけれど、それでも書き進めると、五十個目ぐらいから、筆が進むようになります。コツは「場面と行動」を書くことです。「優しい」ではなく、「電車では必ずお年寄りに席を譲る優しさがある」という感じです。この調子で書いて、ついには千個の長所を書きあげた教師塾の塾生もいました。この塾生の千個目の長所は「私には千個の長所がある」となっており、これには笑ってしまいました。

そういうことでかまわないのです。とにかく自分の長所を百個書いて、それをじっくりと眺めてみる。そこから自己との対話が始まります。私は生徒たちにもこれをやらせました。書かれた長所を見ながら私は言います。

「お前、自分に自信がないと言うてたけど、こんなにたくさんいいとこがあるやんか。素晴らしいやんか。もっと、自信を持ってもええんやで」

「そうかなあ。俺も頑張ったらできることがあるかなあ」

たったこれだけのことで、子どもたちには自信が生まれます。この長所を伸ばしたら、もっと自分は良くなるかもしれない。そういえば、こんな長所も自分にはあったのか。気づきを与えて、その小さなことを認めてあげる。自分が変われば周りも変わる。すべては自分次第なんだ。そのことに気づいたときに、彼らは大きな成長を遂げるのです。

子どもが問題を起こして、学校に来る母親。指導が下手な教師は、その母親を責めてしまいます。

「お母さん、甘やかしすぎましたねぇ」

「もっとしっかりと見てやらないと、将来が心配ですね」

「お母さんのこういうところが良くないんです」

そんなふうに責められた母親は、どう思うでしょうか。

「私が悪いんや。母親として失格だ」

自分で自分を責めて、すっかり自信をなくしてしまうかもしれません。それでは負の連鎖は止まりません。だから力のあるベテラン教師は、できるだけお母さんのいいところを見つけてほめます。

「お母さん、こんなふうにできるなんて、すごいじゃないですか」

「あなたの優しさや子どもを思う気持ちは素晴らしいですよね。だから、やり方さえ少し変えれば、きっとうまくいきます。たとえば……」

まずは母親のいい部分をほめて、それから具体的なアドバイスをする。親としての人格をきちんと認める。そのことを一番大事にします。

そしてもう一つ、私が言い続けていること。それは、長所と短所は常に五十対五十であるということです。このバランスは絶対に変わるものではありません。五十の短所を四十に減らそうとする人がいます。五十の長所を七十に増やそうとする人がいます。そんなことは絶対にできない。長所が増えることはないし、短所が減ることもない。人間の長所、短所はいつも同じ数になるのです。

つまりは、長所は短所にもなり得るし、短所は長所の芽でもあるからです。「エネルギッシュでリーダーシップがある」。これは長所ですが、行きすぎれば「自己中心的でわがまま」という短所にもなります。「気が弱くて人前で発言できない」というのは短所のように思えますが、考え方によっては「聞き上手」という素晴らしい長所になります。常に長所と短所は背中合わせ。だから五十対五十は変わらないのです。

「先生、俺は太ってるから走るのは苦手や。陸上部は無理かなあ」

「太ってる？　素晴らしいやんか。砲丸投げにはぴったりや」

「先生。私は体が小さくて細いから、四百メートルでは損や」

「だったら長距離に向いてるで。お前は長距離選手になるべくして生まれてきたんや」

別の方向から見て、個々の長所に気づかせる。私が常に考えていたのはそこでした。自分の長所に気づいたとき、人は喜びでいっぱいになります。自分にもやれる。そう思えた瞬間に、走り出すことができるのです。そして、自分の足で走り出したとき、他人のせいにするという発想も消えてなくなる。これこそが「主体変容」なのです。

あなたの長所を百個書いてみてください。いつもそれをポケットに入れ、そこから勇気をもらってください。親と子が一緒にできれば最高ですね。

少し付け加えておきます。長所と聞くと性格的なことだと思ってはいませんか。優しいだとか、よく気がつくとか、正直だとか、そういうことに目が向きがちです。しかし、長所というのは何も性格的なことばかりではありません。

小学校のときに図書委員をやった。中学校のバスケットボール部で部長になった。高校のときに一ヶ月海外に留学した。そんな経験もまた立派な長所となるのです。そのように考えれば、長所というものはどんどん増やしていくことができます。

「私にはいいところなんて何もない」

謙遜しているのか、本気でそう思っているのかはわかりませんが、いいところが何もない、そんな人間など存在しません。それぞれの人間には、必ずいいところも悪いところもあります。そしてその数は大して変わるものではありません。みんなが同じだけの長所を持ち、その長所と同じだけの短所をも抱えている。私は常にそう考えています。

もしも自分の長所を百個も書けないというのであれば、家族や友達に聞いてみてはいかがですか。「ねえ、私のいいところを言ってみてくれる?」と。

「仕事も家のこともしっかりやってくれる。いつも助かっているよ」と、パートナーが言う。「お母さんはいつもおいしい食事を作ってくれる」と、娘が言う。「そうねえ、あなたはきつそうに見えるけど、弱い立場の人に優しいわね。お母さんは、あなたのそういうところが大好きよ」と、母親が言う。「中学のとき、いつも人が嫌がることをさりげなくやってくれていたよね。あれは本当にえらいと思っていたよ」と、友達が言ってくれる。

周りの人たちに聞いてみてください。新しい長所はすぐに見つかるものです。長所とは、他人と比較するものではありません。他人よりも優れていないと長所とは言えない、ということはないのです。もしそうだとすれば、イチロー選手以外のプロ野球選手は全員、野球が下手だということになりませんか。そうではないのです。自分が長所だと思えば、それが長所になってくる。

長所とは、人生を通して、長時間の生活の中から生み出されるものでもありますが、自分の中にすでにあって、眠っているその長所に自分で気づき、発見されるものでもあるのです。そしてその長所を大事にすることで、どんどんそれが伸びていく。人間とはそういうものではないでしょうか。

どんなふうに子どもをほめますか？

さて、みなさんに質問です。先生からテストの答案用紙が返されました。今回はとてもよくできています。あなたは、どんなほめられ方をされたら一番嬉しく感じるでしょう。

まずは一番目。返ってきた答案用紙には、大きな花丸が書かれていました。そして先生の手作りのハンコが押してありました。また、先生お手製のキャラクターの似顔絵が描かれていました。先生は絵が得意です。生徒をほめるときのメッセージを、自身が作ったキャラクターの笑顔で表現するのです。

次に二番目。答案用紙を返すときに、先生が「すごいじゃない。頑張ればできるんだから、これからも努力しようね。毎日コツコツと頑張っている姿を見ていたよ。本当にえらかったわね」。具体的に頑張ったことに触れ、直接声をかけて励ましてくれました。

そして三番目。テストを返しながら、にっこりと微笑んで、ハイタッチのあとガッチリ握手をしてくれました。激励の気持ちで肩をポンと叩いてくれました。言葉に出してほめてくれたわけではないけれど、先生とのスキンシップの手のぬくもりがとても嬉しかった。

この三つのほめられ方の中で、あなたはどれが一番嬉しいでしょうか。もちろんほめられれば嬉しいのは当たり前ですが、人によって一番印象に残るほめられ方というものがあるのです。

一番目の花丸やキャラクターの笑顔が嬉しいという人は、視覚からの情報を大切にするタイプの人です。目からの情報を一番にとらえます。視覚タイプと名づけましょう。視覚タイプの子どもは、会話のときに身ぶり手ぶりのジェスチャーを使ったり、目の前に何かがあるように話します。また、これまでにもらった賞状などを部屋に飾るのも視覚タイプの人です。時にそれを見ながら、元気をもらったりする。とにかく、目に入るものを重要視するタイプです。

私もこの視覚タイプです。人に話を聞いたりするよりも、イメージから情報を得ようとします。人に話を聞くのがイヤなのではなく、自分の目で見たほうが吸収しやすいのです。私の携帯電話には、自分の写真が保存されています。雑誌でインタビューを受けたときに写されたもので、なかなかいい表情をしています。ちょっと気分が落ち込んだときなどには、待ち受け画面にその写真を引っ張り出して眺める。よし、こんないい表情になるように頑張ろうと自分自身を励ますのです。まるでナルシストのようですが、決してそうではありません。誰かに見せびらかすわけではなく、調子がいいときの自分の気持ちを思い出そうとしているのです。視覚タイプの人たちは、いつも身の回りに、見て元気が出るようなものを置いておくといいですね。

二番目のタイプは聴覚タイプと呼びましょう。聴覚タイプは、耳で聞く情報に敏感に反応します。このタイプの子どもは、授業中も先生の話を一生懸命に聞きます。黒板に書かれたものにはあまり関心が持てません。とにかく先生の話に集中しています。先生に対して、「先生、それはこの前に言っていたことと違います」とか「どうして今日の説明は前の説明と違うんですか？」などと論理的な思考を好むのも、この聴覚タイプです。

大人でも言葉や音に敏感な人がいるでしょう。勉強する際にはヘッドホンを使い、繰り返し単語や言葉を聞いたり、自分で声に出して言ってみたりすると、覚えやすいようです。大人の中には、出勤途中で元気が出る音楽や話を聴いている人もいます。ある曲を聴くことで、仕事のモードに入ろうとするわけです。あるいは、恋人やわが子の留守番電話の声を繰り返し聞くことで、元気を取り戻そうとしたりする。こういう傾向の人は、自分の話し方にも気を配ります。

さて三番目の視覚タイプでも聴覚タイプでもないタイプ。こういう子どもは体感タイプと名づけましょう。目で見たり耳で聞いたりする情報よりも、自分の体で実感したことを大切にします。体育や音楽が好きな子どもにもたくさんいます。

学校教育の中で、「どうした？」「どう思う？」と矢継ぎ早に聞かれても、体感タイプの子どもは、反応が遅くなってしまいます。言葉が少なかったり、言葉にするのに時間がかかるのです。場合によっては、授業のスピードについてこられないこともあるのです。そうなると、勉強ができない子、というだけの認識で、親や教師がその子を見る可能性があります。

けれど、がっかりする必要はありません。ただ、理解するのに多少の時間がかかる。それだけのことです。したがって体感タイプの子どもに対しては、待ってあげることが大切です。人より少し時間がかかろうが、本当に理解できるまでつきあってあげる。そうしているうちに、どんどん理解のスピードは上がってくるのです。

体感タイプの子どもは人の気持ちを読み取ることに長けていますから、先生から「わかった？」と聞かれるとつい「わかった」と答えてしまう。みんなに迷惑をかけたくないとか、理解できなくて恥ずかしいという気持ちが働き、急かされるとつらいので、つい本当のことを言わないですませてしまう。そこを見逃してはいけません。親にしても、「この子は勉強ができない」とか「はっきりものを言わない子だ」などと決めつけてはいけません。

それはその子の個性であり、優れているとか劣っているとかいうことではないのです。

ざっくりとした分類ですが、子どもにもこうしたタイプがあります。それぞれの子どものタイプを、親や教師は早い時期に見分けなくてはなりません。子どもと真剣に向き合っていれば、わかるものです。それを認識した上で、その子に合った接し方・かかわり方を実践していくことが重要なのです。

ほめ方だけでなく、叱り方もよく考えなければなりません。視覚タイプの子どもに対しては、身ぶり手ぶりで怒りを表現するのもいいでしょう。聴覚タイプの子どもには、じっくりと言葉で言って聞かせることで、指導がうまくいったりするものです。体感タイプの子どもに対しては「そのときの相手の子の気持ちがわかる？　自分がいじめられたらどんな気持ちになる？」というように、気持ちや感情を想像させて訴えることもいいでしょう。

昔よりも指導法は確実に進化しています。しっかりと子どもの性格やタイプを見ながら、個別に丁寧な指導をしていくことで、いままで以上の成果と成長が得られるでしょう。

また、子どもは兄弟だからといって、同じというわけではありません。肝心なことは、大人が自分を中心にして、子どもを決めつけてしまってはいけないということなのです。

ありのままの現実を教える

経済環境が悪化し、格差社会などということが叫ばれています。同じ国に生まれてきたのに、育った環境や学力などによって格差が生じてくる。理不尽なこともあるでしょうが、それはまた仕方のないことでもあります。そういう厳しい現実をも、子どもたちには伝えていく必要があると私は考えています。

いまは情報化社会ですから、子どもたちにしてもそんなことは十分に知っています。弁護士になるのは相当に難しいことも知っているし、医者になるにはお金がかかることもわかっている。プロのサッカー選手になり、サッカーで生活できるのは、千人中一人ぐらいだ。プロの壁は高い。その現実から目を背けて、「努力すればどんな夢でも叶う」と言われたところで、虚しくなるだけです。

では、どうすればいいのでしょうか。答えはあります。それは、一人ひとりの長所をしっかりと見極め、そこに夢を抱かせるように導くことです。

日本の教育の優れているところは、一人の教師が多数の生徒に対して、教室で一斉に教育を施し、学力を向上させるところです。平均点の底上げ教育にはたいへん優れています。

しかし、これは別名、金太郎飴作り教育と言われ、個人の合計点数を高めることが主になるので、子ども一人ひとりの個性や特徴にあまり目がいかなくなる傾向があります。具体的に言うと、いわゆる成績のいい子とは、テスト教科の合計得点が高い子のことを言います。また、偏差値という数字でも評価されます。テストの合計得点が高いということはもちろん素晴らしいことですが、こういう子ばかりが評価されてはいけないと思っています。

数学はいつも十点。国語も頑張っているのに三十点しか取れない子。でもその子は英語が得意で、いつも九十点を取っている。こういう生徒に多くの先生や親は言います。

「あなたは、英語はできるんだから、他の教科もやればできるはずよ。もっと頑張りなさい」

「英語が好きなのはわかるけど、英語の点数だけでは受験に合格できないのだから、他の教科の勉強をしなければダメだね。特に数学をもっと頑張りなさい」

現在の受験のシステムを考えると、親や教師としての気持ちはわかりますが、この考え方が金太郎飴を量産しているのです。私はそんな生徒に対していつも言ってきました。

「お前は英語がすごいなあ。外交官を目指したらどうや」

「お前は英語が大好きなんやな。だったらもっとそれを伸ばして、キャビンアテンダントになったら格好ええやん」

また、勉強ができなくて自信を失っている子に対しては、「おい、その親からもらった立派な体を存分に使って陸上競技で日本一を目指せよ。陸上を通して身につけた、人とのコミュニケーション能力やリーダーシップは社会に出るとすごく役に立つぞ。世の中の企業家の中には大学を出ていない人もいるんや、知ってるか。君は創造力もあるんやから、家の仕事継いで、それを企業家として大きく飛躍させたり、自身で起業して会社を作ることもできるぞ。応援するで。俺もいつか社長になりたいな。どうや」

私はそういう夢の与え方と語りをしてきました。私がそう励ますと、子どもたちは目をキラキラ輝かせて喜びました。そして、自信を持って自分の得意分野を伸ばそうとします。もっともっと好きな分野に努力を重ねる。そしてその結果として、知らぬうちに他の教科の成績も上がっていく。人間には向き不向きがあります。得意なことと不得意なことがある。不向きで不得意なことは、どう頑張っても、やはり結果が出にくい。ならば、自分が得意で向いていることをやったほうがいい。そのように導いたほうがいい。だって、生徒の全員が同じ仕事に就くことなどないのですから。

社会とはどういうところなのか。そこに必要なものは何なのか。自らの経験や見聞を通して、それを伝えてあげることこそが大人の役割なのです。どうすれば夢は叶えられるのか。挫折したときにはいかにして乗り越えるのか。そういうことを、もっと現実に即して教えてあげてほしいのです。

「真面目に地道に取り組むこと」を伝えていますか？

教育に必要な四つの要素というものがあります。それは、相手に思いを伝える「理念教育」。その学びの大切さや価値を教え意味づけをする「価値観教育」。学ぶ態度や姿勢を教える「態度教育」。スキルやノウハウを教える「職能教育」です。これまでの教育現場では、「職能教育」がほとんどの部分を占めていました。これは簡単に言うと、勉強の方法論です。各教科における学習方法ということになります。いかに問題を解いていくか。どの部分を暗記すればいいか。要するに、学習指導さえやっていれば事足りていたのです。

教師への敬意があり、家庭での厳しいしつけがなされていた時代ならば、あえて「態度教育」などしなくても、生徒は先生の言うことを聞いたものです。また、親の教育が不十分でも、地域や周りの大人たちが厳しいしつけをしてくれたものです。ところが子どもたちを取り巻く環境が一変した結果、勉強さえ教えていればいいというわけにはいかなくなった。地域社会が崩壊し、家庭のしつけ力が低下しているいまの時代では、教師がこの四つの教育をすべて行わなければならなくなったのです。

単純に「勉強しろ」と言ったところで、子どもは「どうして勉強なんかしなくちゃいけないんだ」と反論してくる。かつてならば、「勉強して立派な大人になるためだ」とか「いい大学に行けばいい会社に入れる。そうすればたくさん給料がもらえるぞ」と言えば、子どもたちも納得したものです。

ところが、いまはそういう時代ではありません。情報化社会ですから、平気で悪いことをする大人たちを日々に目にしている。せっかく大企業に入っても、リストラで突然解雇されることもある。そういう現実を彼らは知っているのです。

だからこそ、意味づけをする「価値観教育」が必要になってくる。どうして勉強するのか。勉強すればどうなるのか。立派な大人とはどういう人なのか。人生にとっての幸福とは何なのか。そういうことを、子どもたちの心に届くように伝えなくてはなりません。どのような理念を持って生きるべきなのか。そしてその理念を貫くためには、どのような態度で生活しなくてはいけないのか。これらをトータルで伝えていくことが求められているのです。

私が教師塾で一番に訴えること。それは、人格を磨くということです。教師にしても生徒にしても、まずは人格を磨くことが一番大切なのだと。人間性や人柄といったものを軽んじれば、必ずしっぺ返しがくる。いくら勉強ができたとしても、人としての基本ができていなければ、社会人としては通用しません。

私の知り合いにAさんという女性がいます。彼女は社会人としてのキャリアも十分に持った女性です。そのAさんの下に、新入社員の女性が入ってきた。部下として指導しなければならないわけです。部下の女性は子どもの頃から優秀で、超一流の国立大学を卒業したそうです。理解力もあり、仕事の飲み込みも早い。ところが、週に三日は遅刻してくるというのです。「どうして遅刻するの?」とAさんが聞いても、「すみません。朝起きられなくて」と悪びれる様子もなく言うだけ。仕方なくAさんは、毎朝彼女に電話をかけるようにしたそうです。

「おはよう。起きてる?」

「ああ、いま起きたところです」

「もうギリギリよ。早く出社しなさい」

ギリギリに出社してきたその彼女は、それから一時間かけて会社のトイレで化粧をするそうです。

「私、何をやってるんだろう」

Aさんはほとほと疲れ果てた表情で私に言いました。

おそらくその女性には、態度教育がなされていなかったのでしょう。いわゆる点数という学力のみを追求する教育だけを受けて育ってきた。「態度教育」がなされていないため社会の常識も満足に教えられず、何のために働くのかという仕事の目的を知る「価値観教育」も受けてこなかった。いくら一流大学を卒業していても、彼女が一人前の社会人としてやっていくのは難しいでしょう。気の毒なことです。

ちなみに、いま各大学で一番問題になっているのは何だと思われますか。学力の低下、就職の問題、学生数の減少、もっとも深刻な問題は、薬物の問題なのです。有名大学の学生が薬物取締法違反で逮捕されるという事件が続きましたが、あれは氷山の一角だと言われています。そして、これが目に見える点数という学力のみを追求する教育ばかりが特化されてきた、日本の教育の負の遺産なのです。

ニートや引きこもりが急増したのも、家庭や社会の教育力の低下に一因があると私は考えています。何事も真剣に、真面目に、地道に取り組む姿勢。そして結果を自分の責任として受け止める自責の念。それをしっかりと教えてこなかった。人格を育てることを放棄し、上辺の成果ばかりに目をやる。成果が出なければ、そこであきらめざるを得ないムード。見捨てられた子どもたちが、社会での行き場を失ってしまうのも無理はありません。ニートや引きこもりを生み出している現状には、大人にも責任があるのです。

では、どうすればいいのか。それには生きるための勉強を子どもに伝えていくことが何よりも大事です。生きるための勉強とは何なのか、次の項目で見ていきましょう。

「Plan-Check-Do-See-Share」で、自立型人間になる

「強い人」というとどんな人を思い浮かべるでしょうか？　私は両親を思い浮かべます。信念を持ち仕事に邁進した父と、いつでも味方になってくれた母。その原点は「愛情」です。

では、社会ではどのような人が求められるのでしょうか。どのような強い人が必要なのでしょうか。経済産業省が提唱する社会人基礎力「アクション、シンキング、チームワーク」を持つ大人というのも一理ありますが、私が二十七年間の家庭・学校・社会人・スポーツ選手・海外の教育を通して導き出した結論。それは、これからの世の中で求められる人は「自立型人間」であるということです。

「自立型人間」は、簡単に言うと二つの力を持っています。

まず、仕事で結果を出す力。パフォーマンス能力が高い。

パフォーマンス能力の高い人は仕事や活動の目的（何のために）や具体的な目標をハッキリと描き、迷いなく進みます。つまり、「意志の力」が強いのです。

そして、人を助けることができる、周りを元気にする力を持ち、自分の部下、家族、生徒をイキイキ元気にすることができる、ということです。これをメンテナンス能力と言います。これは別名「愛の力」とも言います。

この「意志の力」と「愛の力」の二つの力を兼ね備えた人を、私は「自立型人間」と呼び、これからの社会のモデルになる人だと考えています。

また、「自立型人間」は、人格・人柄・人間性という土台の上に、能力を発揮します。「自立型人間」を育てるためには、見えない心を育まなければなりません。

そこで、これからの教育では、仕事や活動で結果を出す「意志の力」と人を助け周りを元気にする「愛の力」を併せ持つ人を育成しなければなりません。そのために私が提唱する教育方法が「心づくり指導」です。これは、最新式の心を鍛えるメンタルトレーニングも加味した新しい教育方法です。

私はこの方法を教育現場で生み出しました。この方法論には五つの考え方があります。五つの頭文字をとって「ＰＣＤＳＳサイクル」と呼んでいます。一つずつ、順を追って見ていきましょう。

①Plan＝心を使う

心を使う、ということは「考える」ということです。どうしたいのか、どうなりたいのか。自分の未来のシナリオを描くのです。ただ頭の中で考えるのではなく、その考えや思いを書いてイメージすることです。人は、書くことによって気づく力が養われ、同じ失敗を繰り返さないようになります。目標もはっきりしてくるので、いま何をすべきかがわかり行動に移せます。

特に、子ども自身が何をしたいのかということがわかるようになります。「わかる」と「行動する」ことができるようになるには、「書く」という行為が必要になってきます。人は、頭の中で考えているだけでは、なかなか行動に移せません。ぜひ、ご家庭でお子さんと一緒に「書く」習慣をつけてください。その際、毎日やるべきことと、「いつまでにやる」という期日目標の両方を書くことが、思考を行動に移す際に必要となります。

②Check＝心をきれいにする

心をきれいにするとは、自分の身の回りの汚れ、すさみを除去し、自分の心を磨くということです。そして「感謝の心・謙虚な気持ちを育む」ということです。

汚れた場所にいると誰しも気持ちがすさんでいくと思いますが、整理整頓された清潔な場所にいると、心が晴れやかになるのではないでしょうか。それほど環境の善し悪しは人の心に影響を与えるものなのです。単純なことですが、整理整頓をするということは、健全な美しい心を育む、ということにつながります。

そんなに難しいことではありません。たとえば、脱いだ靴を揃える、身だしなみを清潔にする、物を出したら片づける、挨拶をきちんとする。どれも些細なことですが、これらは親が率先してやってこそ、子どももできるようになることです。子どもだけに押しつけず、まずは親が手本を見せ、一緒にやっていきましょう。そうすることで、親も子も前向きに物事を考えられるようになりますし、周りへの感謝の気持ちも生まれます。このような理想の状態を「心のコップが上を向いている」と言います。基本的なことができるようになったら、奉仕活動にチャレンジしてみるのもいいでしょう。

③ Do ＝心を強くする

心を強くするには何が必要だと思いますか？　私は、決めたこと――特に清掃活動や奉仕活動――を毎日欠かさずに行うことだと考えます。たとえば、夕食後のお皿は毎晩洗うと子どもが決めたら、何があっても毎日欠かさずさせることが大事です。特例は認めてはいけません。一度決めたことは何があってもやり抜く。これをすることにより、子どもに自信が生まれ、強い心が徐々に作られていきます。せっかく芽生えた自信を維持するためにも、続けてきたことをやめないということが大切です。

ただそうはいっても、子ども自身、どうしてもやる気が起きないとき、できないと感じるときがあると思います。そんなときは家族がしっかりサポートしてあげてください。どうしてできないのか、やりたくないのか、じっと話を聞くことで、子どもの気持ちが整理され、やる気が出てくることもあります。もちろん親であるあなた自身も、毎日欠かさず何かを行うことで、子どもとこれまで以上に真摯に向き合えるのではないでしょうか。

④ See ＝心を整理する

心を整理する、とはどういうことでしょうか？　それは自分の行いを振り返り、未来に生かす、ということです。

そのために一番効果的なのは、日誌や日記を書く、ということです。一日を振り返り、良かったこと、できたことを思い出して書き、自分に自信を与える。できなかったことを書くことで、明日何をすべきかが明確になる。こういった考え方もありますが、それ以上に一日を前向きに終わらせるという気持ちの部分が大きいと思います。毎日を元気に過ごすために、その日のことはその日で終わらせる。できなかったことにとらわれるのではな

PCDSS サイクルの仕組み

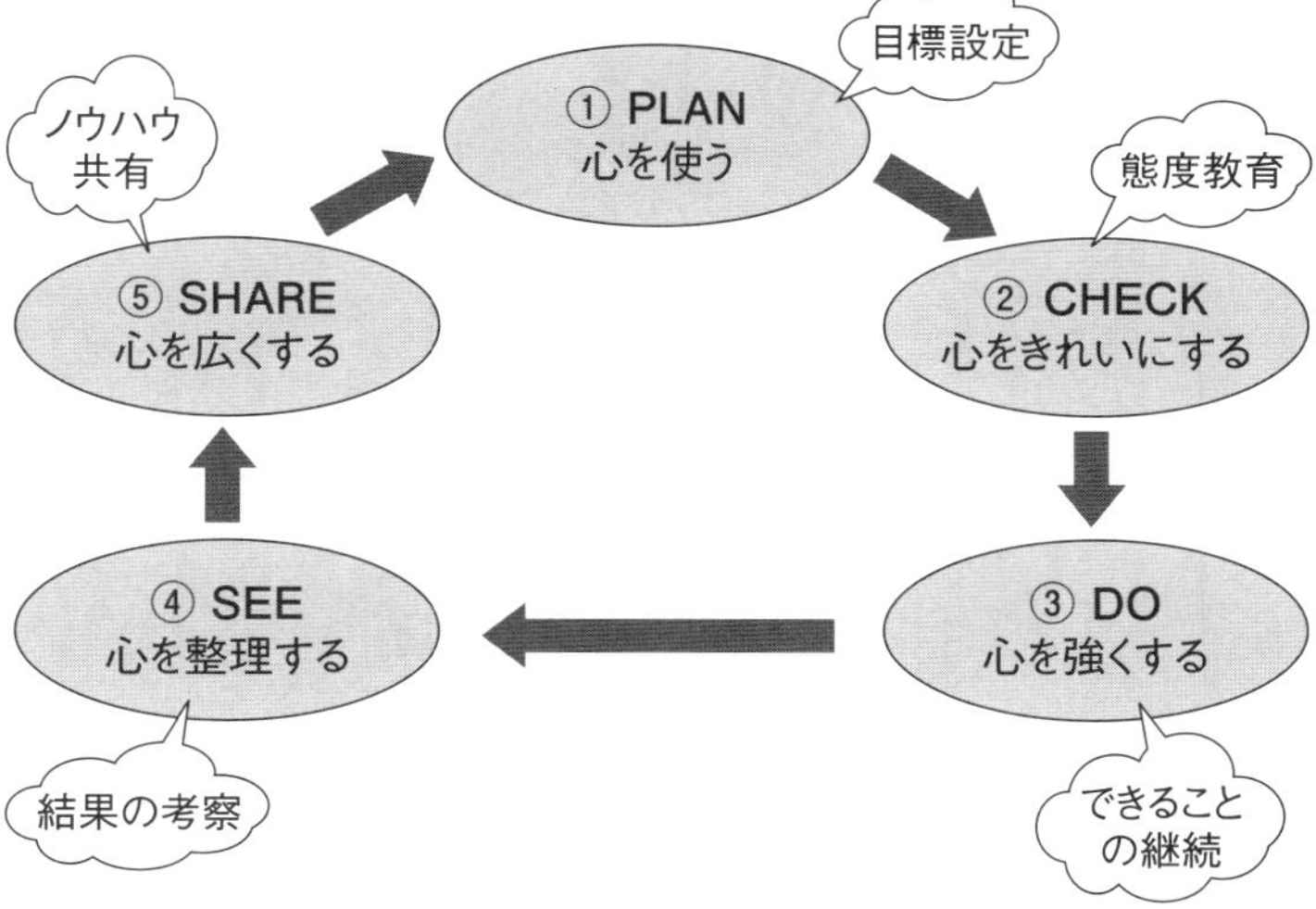

く、これから何ができるかを考えることで、心は整理されていきます。

⑤Share＝心を広くする

当然のことですが、人は一人では生きていけません。人は、必ず人と交わって生きていきます。そのためには「助け合い」の精神が必要ですし、なにより成果や志を共有しあうことで、仲間とともに、よりいっそうの高みに成長していくことができます。

家族の間ですと、たとえば子どもが家族のために朝ご飯の支度をするとしましょう。パンを焼く、果物の皮をむく、といった簡単なことでも子どもがしてくれると、親としては嬉しい。子どもに「ありがとう。嬉しい」と感謝の気持ちを伝えたら、子どもは自己を肯定された喜び、また家族のために役立ったという喜びで心が満たされます。そういう習慣がついていると、成長したときに人と成果や志を共有し、高みに成長していける子どもになるのです。

何事も小さなときからコツコツと行っていくことが大切です。ただし〝やらなければならない〟と思いこむのではなく、〝こうしたらもっと楽しい。幸せな気持ちになる〟という思いで行ってほしいと思います。

やる気を引き出し、伸ばすためにできること

子どもの可能性は、小さな成功体験や夢や目標など、ほんの小さなことがきっかけで、驚くほど伸びることがあります。子どものやる気を引き出し、伸ばすためには何が必要なのでしょうか。ここでは私が考える三つのメソッドについてお話をしたいと思います

まず一つ目は、「心の栄養」です。人は二つの栄養を取りながら成長します。食事から得る栄養と、人とのかかわり、コミュニケーションから得る「心の栄養」です。この心の栄養をストロークと呼びます。ストロークは、人間関係を円滑にし、人に元気、やる気を与え、家庭でのコミュニケーションを改善する効果的な働きを持っています。

心のつぼを満たす５つの方法

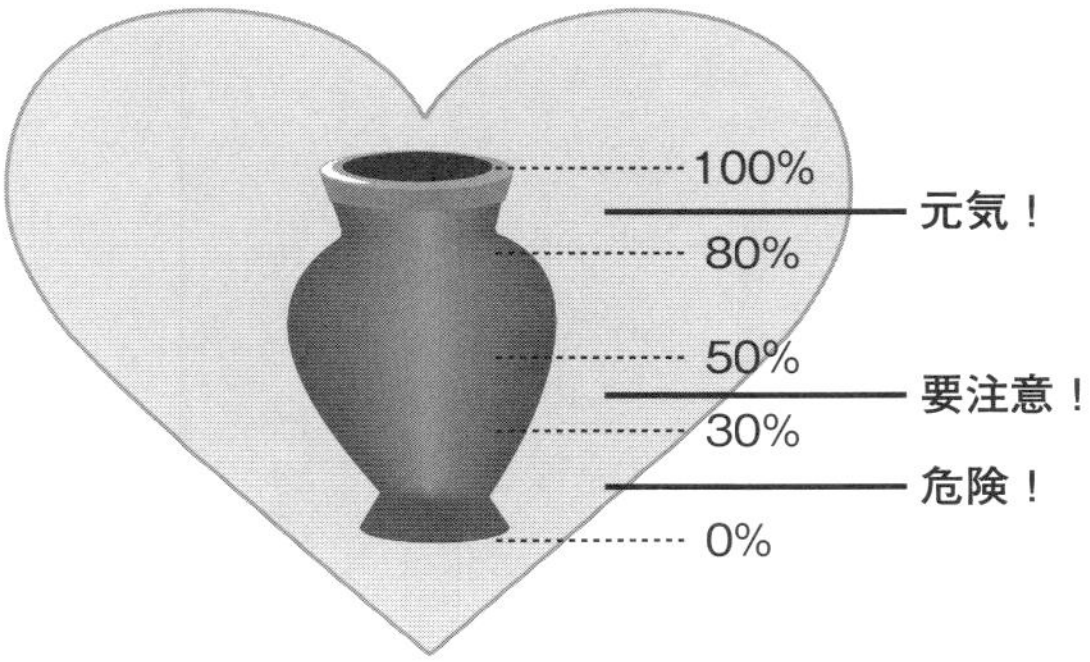

元気を満たす方法

①「ストローク」を与える、もらう。
人とかかわり、「心の栄養」を与えたり、もらったりする。

②「部分否定」を心がける
親や教師は、「何が悪い」と言いたいのか、条件を明確に示して叱る。子どもや生徒の人格を否定してはいけない。

子どもや生徒は、「何が悪い」と指摘されているのか、条件を明確に理解して叱られる。

③「センタリング」を心がける
元気のない人に肯定的ストロークをみんなで与える。
前向きな主体者意識の強い人とかかわる。
後ろ向きな被害者意識の人とはかかわらない。

④「自己認識」する
自分の「思い」を文字に書いて、声に出して読み、自分を知る。
過去の元気が出た体験を文字にして残しておき、プラスの感情を振り返る。

⑤「原体験」を追体験する
幼少の頃に体験した活動で、ストレスを解消してくれる活動を意識して行う。

ストロークにはどういったものがあるのでしょうか。たとえば、挨拶、握手、頭をなでる、励ましの言葉をかける、称賛の拍手を送る、目と目を合わせるアイコンタクトなど、人間関係におけるすべてのかかわりを指しています。ストロークは難しいものではなく、むしろ普段私たちは、「これがストロークだ」とは意識せずに、人に与えたり、もらったりしているものです。

たんぱく質などの「体の栄養」は、私たちの体内に貯蔵され、体にもっとも良い影響を与えるように効果的に働きます。では、ストロークによって得る「心の栄養」は、いったいどこに蓄えられていくのでしょうか。

私たちは、それぞれが心の中に「心のつぼ」を持っている、とイメージしてみてください。心の栄養は、その「心のつぼ」に貯蔵されていきます。「心のつぼ」が満たされているとき、人は元気に満ちあふれ、イキイキと人生を歩むことができます。しかし「心のつぼ」が枯れてくると、元気がなくなってきます。体の栄養が不足したりバランスが悪くなると、体に様々な不具合が起きるのと同様に、「心のつぼ」が枯れてしまうと、「心の栄養失調」が起こり、心の病を引き起こす原因となることもあります。

親として、また教育者として、目の前の子どもや生徒の「心のつぼ」を満たしてあげることのできる効果的なストロークを与えるために、ストロークの種類を紹介します。

人間同士のかかわりすべてがストロークだということは、たとえば、朝にあなたの息子さんとした口ゲンカも、実はストロークにあたるということです。ストロークの種類とその意味を知れば、子どもや生徒に対する「ほめ方」「叱り方」が、より効果的に心の成長を促すものにすることができます。

ストロークには、相手をほめたり認めたりするなどの「肯定的ストローク」と、相手を叱ったり注意したりするなどの「否定的ストローク」の二種類があります。普段の生活では、私たちはどちらかを使ってコミュニケーションをとっています。

肯定的、否定的と聞けば、前者がプラスのかかわりで後者はマイナスのかかわり、と思うかもしれませんが、そうではありません。そのストロークが良いものであるかどうかは、コミュニケーションの主語である「相手」にどう伝わったのか、ということで決まります。その人、その場面にふさわしい、効果的なストロークであれば、多少厳しい言葉での叱責も大きな意味を持つものとなりますし、反対に、美辞麗句を並べたてて相手をほめたところで、ピントがずれていれば、ストロークとしての効果は低い、ということになります。

また、ストロークは四つの領域を持っていて、「肉体的」「心理的」「条件付き」「無条件付き」と分けることができます。以下にそれぞれのストロークの例を示します。

【肯定的ストローク】

①肉体的ストローク

「握手をする」「頭をなでる」など、肉体的なかかわりを言います。スキンシップとも呼びます。

②心理的ストローク

「ほほ笑む」「挨拶をする」「目を見て話を聞く」など、相手の存在を認める心理的なかかわりのことです。

③条件付きストローク

「今日のピアノ発表会は大成功だったね」「そのお洋服よく似合っているよ」など、相手のある条件を見つけてほめるかかわりのことです。

④無条件付きストローク

「愛しているよ」「生まれてきてくれてありがとう」など、無条件に相手の存在を認め、受け入れるかかわりのことです。家族のかかわりにおいて、特に大きな意味を持つかかわりとなります。

【否定的ストローク】

①肉体的ストローク

「たたく」「つねる」など、相手に肉体的な痛みを与えるようなかかわりのことです。

②心理的ストローク

「叱る」「注意する」「悪口を言う」などの心理的なかかわりです。正しく使えば、相手の成長を促す効果的なストロークとなりますが、方法を間違えれば、相手を傷つけ、精神的なストレスを与えることもあります。

③条件付きストローク

「あなたの忘れ物がダメ」「あなたの嘘がダメ」というような、相手のある一部分を否定するかかわりのことです。別名「部分否定」と言い、子どもを叱るときには特に大切なかかわりとなります。

④無条件付きストローク

「あなたが嫌い」「出ていってくれ」など、相手の存在そのものを否定するかかわりのことで、別名「人格否定」と言います。人は、人格否定を受けると元気がなくなり、大きな精神的ストレスを受けるものです。これは、特に子どもや生徒に対しては決して与えてはいけないストロークだと覚えておいてください。

遠慮は最大の敵

次のページに、ストロークの種類をまとめてみました。それぞれの項目に挙げられている行動や言葉の例を読んでみて、ご自身の子どもや生徒とのかかわりを振り返ってみてください。

分類表の一番下にも記したとおり、ストロークには原則があります。

①意識して与え、意識してもらう

日焼けをしたら「ビタミンCをとろう」と考えますね。風邪をひいたら「しょうが湯を飲もう」などと考えますすね。体に栄養が必要だと思ったら、私たちは意識をしてその栄養を補給しようとするものです。心の栄養もまったく同じことで、足りていないと思ったら、すすんで与えてあげてください。また、自分も足りない、と思ったら、すすんでストロークをもらいにいってください。この人に会えば元気が出る、これをすれば心が満たされるといったことを自分でわかっておき、心のつぼが枯れてきたと感じたら、自分で供給する工夫をしてください。

心の栄養・ストロークの原則（ストローク分類表）

	肉体的ストローク	心理的ストローク	条件付きストローク	無条件付きストローク
肯定的（ほめる）	乳をふくませる 添い寝をする 頭をなでる さする 抱擁する キスをする 手をつなぐ 耳掃除をする 爪を切る 一緒に風呂に入る 髪をすく 相撲をとる 看護する 指圧をする おんぶする 握手する スキンシップ	あやす うなずく ほほ笑む 拍手する ほめる 励ます 目を見て話す 身をのりだして聞く ねぎらう まかせる 信頼する 意見を尊重する 電話をかける メールをする FAXを送る 手紙を書く 情報を知らせる 感謝する 公平に評価する 礼を言う じっくり話を聞く	優勝したからごちそうをしてあげる 素晴らしい試合だったね その髪型とてもよく似合うよ ネクタイがよく似合っている あなたが素直だから私は大好き あなたのリーダーシップはOKだ 予算を達成したから、旅行に行こう 相手を尊重する態度が好きだ あなたの○○が好きだ。OKだ。	どんなときもあなたを信じているよ 愛しているよ 全財産をなげうっても君を助けるよ 金なんかいくらかかってもいいよ あなたが治ることが先決だ いい学校に入れなくても関係ないよ あなたは私の最愛の娘だよ あなたの存在がOK あなたがいるだけでOK
否定的（叱る）	お尻をたたく 殴る つねる 食事を与えない （親も食べない）	叱る 反対する 注意する 悪口を言う 文句を言う 欠点を批判する 催促する 聞こえないふりをする	嘘が嫌い 遅刻がダメ 忘れ物をしたことを怒っている 優柔不断なところがダメ あなたの行動はOKでない 部分否定	君は嫌いだ もう来ないでくれ 顔も見たくない あなたは欠点だらけだ 出ていけ やめてしまえ あなたは人間としてOKではない 人格否定

ストローク原則	①意識して与えなさい。意識してもらいなさい。 ②ほしくなったら、もらいにいってもいいですよ。 ③肯定的（○）＞否定的（×）

②ほしくなったら、もらいにいってもいい

さきほども述べたように、誰かがストロークをくれるのを待っている必要はありません。自らもらいにいけば良いのです。そうやって、あなたにストロークを与えてくれる人のことを「メンター」と呼びます。子どもが友達とケンカしたとか何か失敗したとか、落ち込むようなことがあったときに、その子どもがメンターを持っているかどうか、ということが大変重要になります。メンターがいる子どもは、気持ちの整理がつき、心のつぼが満たされて、すぐに失敗から立ち直って前に進むことができます。メンターを持たない子どもは、落ち込んだとしても自分の力で解決するしかなく、時間がかかったり傷を負ったままになったりする可能性があります。

「何かあっても、お母さんがついているよ」というふうに、メンターとしてのあなたの立場を、普段から子どもに知らせておくことが子どもの安心感を生みます。

③肯定的>否定的

ストロークはバランスが大切です。ほめてばかりでも叱ってばかりでもダメです。場合を見極めて的確にストロークを与えてください。そこで大切なことは、「肯定的ストロークの数が否定的ストロークの数を上回る」ことです。

ストロークの持つ大きな特徴は、「回数を数えることができる」という点です。「目を合わせる」「握手をする」「にっこり笑う」「ネクタイをほめる」これで四つのストロークとなります。

一七四ページに、「ストローク計画表」を示します。ストロークには種類がある、そしてストロークは回数を数えることができるということを参考に、今日、家族の誰にどんなストロークをあげるのか、という計画表を作ってみてください。

ストロークの飛び交う家庭は、家族の一人ひとりがお互いの活動に興味を持っていて、思いやりやいたわりの気持ちを持っているということになります。自分の家庭において、ストロークが飛び交う状況を作りたいと思ったら、「ストロークってこんな力があるんだよ」「ストロークが増えるとこんな良いことがあるよ」という説明を、家族の一人ひとりにしてみてください。そうすれば、あなたが発するほめ言葉や厳しい注意の言葉も、子どもやパートナーにとって、いままでとは違った意味を持つはずです。家族のメンバーが態度や言葉遣いにも気を配るようになり、家族経営が円滑に進むようになります。

ストローク計画表

記入例

どんな／誰に	①	②	③	④	⑤
1 お父さん	おかえりなさいと笑顔で出迎える	晩御飯のときには話を傾聴する	お風呂上がりにビールを出す	寝る前に「今日もありがとう」と言う	
2 長男	おかえりなさいと笑顔で出迎える	クラブ活動の話を傾聴する	テストの点数をほめる。「頑張ったね」	お弁当箱を洗ってくれるので「ありがとう」	寝る前に「ハイタッチ」をしてお休みを言う
3 長女	絵本を読んで添い寝する	ピアノから帰ってきたら抱きしめる	お風呂に一緒に入って髪を洗ってあげる	眠るまで体をさすってあげる	
4					
5					
6					
7					
8					

ストローク計画表

どんな／誰に	①	②	③	④	⑤
1					
2					
3					
4					
5					
6					
7					
8					

納得できれば子どもは伸びる

二つ目は「意味づけ」です。

前にも話しましたが、子どもには「勉強しなさい」とだけ言うのではなく〝なぜ勉強するのか〟〝勉強すればどうなるのか〟という意味を伝え、それを子どもが消化し、納得するまでわからせることです。

これを私は「意味づけ」と呼んでいます。「〜しなさい」だけではなく〝なぜ、そうしなければならないのか〟〝そうすることで、どんなプラス面・マイナス面があるのか〟など、子どもを納得させられるだけの答えを準備して説明し、本人の内側からの刺激によるやる気を引き出すのです。

また、意味を理解し納得して活動するということは「やらされ取り組み」が「自らすすんでやる取り組み」に変わるということです。そうすると、成果や結果の精度も違ってくるため、子どもはどんどんやる気になり、伸びていくことができます。また、子どもがつまずいたときには〝なぜダメなんだろう〟ではなく〝どのようにすればプラスに転換できるか〟という未来に向けた発想の転換を、親と子が一緒に行うことが大切になってきます。

三つ目は「おかず理論」です。

質問です。あなたは食事のとき、好きなものと苦手なものがあった場合、どちらから食べますか？　また、仕事のとき、得意なことと苦手なこと、どちらを先に始めますか？

私の場合は、好きなものから食べ、得意な仕事から始めます。なぜか？　それは、与えられた時間は限られているのに、好きなこと、得意なこと、やれるもの、やりたいこと、やるべきことを後回しにしていると、いつまでたっても成果は上がらないからです。

一見、苦手なことに最初に取り組んだほうがうまくいくような気がしますが、それは違います。人は、得意なことをするにはそれほど時間はかかりません。その流れで苦手なことに取り組んだほうが、うまく事が進むのです。反対に、苦手なことから始めると時間ばかりがかかってしまい、得意なことまで到達できないということが出てきます。

これを「おかず理論」と呼んでいます。この理論にしたがって、子どもには「優先順位」を考えるクセをつけさせてください。何が一番大事でやらなければならないことなのか——常にこのことを意識して行動することで、やる気が出ないときにも〝これは大事なことだからやらなければならない〟という思いを持たせることができます。何よりも「自分で考え、決定して、行動する」ということは、生きていく上でとても大事なことです。子どもがひとりで生きていくための礎を、ぜひ小さな頃から一緒に作っていってください。

第五章

いま学校で何が起きているか、知っていますか？

コミュニケーションにも〝取り方〟があります

「親はなくとも子は育つ」。かつてはそんなふうに言われたものです。親があれこれと子どもにかかわらなくても、子どもたちは地域社会の大人や先生、友達とのかかわりによって自然に成長していったものです。父親が何も言わなくても、その背中を見ているだけで子どもには思いが伝わる。そんな良き時代がありました。ところが現代ではそうもいきません。親が積極的に子どもとかかわり、正しい方向に導いてやらなければ、子どもたちは風に吹かれた風船のようにどこかへ飛んでいってしまう。親の手の届かないところへ飛んでいってしまう。そういう時代であることを、親は肝に銘じてほしいのです。

日頃から子どもと会話をし、スキンシップを十分に取りながら、一緒に行動する機会を作る。努力や工夫をしてでも、そういったことをしていかなくてはなりません。ところが思春期になると、子どもは親を避けるようになります。学校で何があったのかも話さない。どんな友達と遊んでいるのかも話そうとしない。勉強をしているかどうかもわからない。中学生の子どもを持つ親の多くは、そんな子どもの変化に戸惑うものです。

こういうときに私がすすめているのが「ビットウィーンのコミュニケーション」という

方法です。これは隣人同士コミュニケーションと言って、直接に対象者と話すのではなく、第三者を挟んでコミュニケーションを取るという方法です。

たとえば子どもが学校の様子を話さないのなら、まずは担任の先生に聞いてみる。あるいは幼なじみの子どもに「ねえ、うちの子は学校でどんな様子？　楽しくやってるの？」とさり気なく聞いてみる。本人以外のところから情報を得ることで、客観的なものが見えてきます。

そのためには、親も日頃から子どもの友達と気軽に接することが大事です。知っている子に商店街で会ったりすれば「○○ちゃん、こんにちは。元気にしてる？」と声をかける。中学生にもなれば、親とは話をしなくても、知り合いの大人にはきちんと挨拶するものです。子どものほうからはなかなか話しかけてはきませんから、大人のほうから積極的にコミュニケーションを取ることが大事です。

子どもが話をしてくれないと、親はつい質問攻めにしてしまいます。「学校ではちゃんとやってるの？」「悪さをしてないでしょうね」「先生に叱られてない？」「勉強は進んでるの？」と、まるで警察の取り調べのように聞きます。これでは子どもも黙秘権を使うでしょう。

子どもの様子を知りたい。それは親としては当たり前のことです。いろんなことを聞くことはかまいません。ただし、聞き方というものがあります。それは、常に子どもが主人公であることを忘れない、ということです。

たとえば子どもがテストを返してもらった。点数は四十点。

「どうしてこんな点数しか取れないんだ。お父さんはもっと頑張ったぞ。お父さんのような仕事をしたいのなら、もっと頑張らなくちゃだめじゃないか」

これではお父さんが主人公です。四十点という点数を親が勝手に判断して、その良し悪しを押しつけている。まして、過去の自分と比較しても何の意味もないでしょう。そうではなく、子どもを主人公にして聞いてあげることが大切です。

「四十点かあ。そうか。お前はこれで満足してないんやろ？　本当はどうしたかったんや？　もしも自分が六十点に上げたいと思うんやったら、次に向けて頑張れよ。お前のためにお父さんにできることはあるか？　何か手伝ってほしいのなら、何でも手伝うよ」

人生は自分のものです。人生を良きものにするのも、物足りないものにするのも、結局は自分次第なのです。子どもの人生は親のものではありません。親がずっと手助けをできるわけでもない。自分の力で努力して、自立していかなくてはならない。そのために、自分がやるべきことは何なのか。それを考える力をつけてやることです。そしてそのためには、常に子ども自身を主人公にしたアドバイスを心がけることが大事なのです。

ただし、子どもの力だけでは解決できないこともあります。いじめなどがそうです。そういうときには、親は体を張ってでも助けなければならない。絶対にわが子を守るという姿勢を見せることです。

私には娘が二人います。小学生の頃から娘には宣言しています。

「もしも、お前たちが自分の力で解決できないようないじめを受けたら、お前たちが言わなくても、お父さんは乗り込んでいって戦うで」

「お父さんなら、ほんまにやるやろなあ」

長女はそれをよく知っていたので、できる限り自分の力で何でも解決する子に育ちました。私に乗り込まれることを避けたいとも思ったのでしょう。

実際にはそういう場面に遭遇したことはありませんでしたが、おそらく二人の娘は、どこかで安心して生活していたと思います。

〝何かあったときはお父さんが助けに来てくれる〟〝自分でどうしようもできなくなったら、最後はお母さんが助けてくれる〟こういう安心感があるからこそ、子どもたちはいろんなことに挑戦することができるのです。家族が子どもを支える最後の砦となるように、いつも見守ってやる。これが親としての役割です。時代は変化しています。だからこそ、常に親が見守ってやることが要求される時代なのです。

これは過保護とは違います。過保護というのは、子どもができることさえも親がやってしまうということです。それでは子どもは自立できない。できる限りのことは自分の力でやらせる。失敗しても、何度でも挑戦させる。親が手を出すのではなく、本人が「自分でやる」と言う限りは、ただ静かに見守る。主人公はあくまでも自分であり、責任は自分でとる、ということを自覚させることです。親はただ「どうしようもできなくなったら、そのときはお父さんが助けたる」と覚悟して見守ります。

似て非なる「自己主張」と「わがまま」

中学生の思春期になると、子どもたちは間違った自己主張を始めることがあります。他人と違う格好をすることで、存在感を示そうとする。髪の毛を茶色に染めてみたり、学校で指定された制服以外の服装をしたり。それを注意したりすると「どうして茶色に染めてはいけないんだ」「大人だって髪の毛を染めてるじゃないか」「どうして学校で服装までを決められなくてはいけないのか」と、突っかかってきます。学校の規則だからだと言っても、「そんなこと誰が決めたんだ！」と言う。「髪の毛を染めるのはうちの子の個性です。学校は個性や人格を認めないのですか」などと言う親もいます。

こういう生徒や親に対しては、教師は相手を納得させるだけの考えと言葉を持たなければなりません。これを「理論武装」と言います。どうして金髪や目立った服装がいけないのかということを、たとえば次のように説明します。

動物というのは生活の中で自分のテリトリーを持っています。このテリトリーが侵されれば、不安や恐怖を抱くようになり、普段通りの生活に支障をきたすようになる。それは人間も同じことです。

テリトリーを侵すものは、殴る蹴るというような身体的な危機だけではありません。異質なにおいや雰囲気、攻撃的な視線や不快な雰囲気、あるいは居心地の悪い距離感やオーラというもの。そういうものを感じることで、私たちは自分のテリトリーを侵害されたような気分になり、不安を感じるようになります。

学校や教室といった狭い空間に自分たちのテリトリーを侵すものが入ってくれば、生徒たちは危機を感じて萎縮してしまいます。そういう意味で金髪というのは、十分に他の生徒たちのテリトリーを侵す存在と言えます。サングラスや変形服、メンチと言われるにらむ行為も同じです。威圧感を感じた生徒たちは、穏やかな学校生活を送ることができなくなる。だから金髪や奇抜な服装を学校では禁止しているのです。

そして、それらを共同生活の場からなくすことは生徒たちにはできません。教師が取り除くしかないのです。このような理論をしっかりと持っていないと、たちまちモンスターペアレントの餌食になってしまいます。生徒に対しても、ただ校則だからと言うだけでなく、どうしてそんな校則が必要なのか、その意味を説明する必要があるでしょう。

いじめは脳にダメージを与える凶器

さて、いじめ対策についても、知っておかなければならない大切なことがあります。いじめをさせないための理論武装です。なぜ、いじめは悪いのか。かわいそうだとか、道徳的にどうとかいうだけでなく、悪い理由をはっきりと示すことが重要です。

日本薬科大学の永田勝太郎先生が、いじめと脳の関係について興味深い研究をされています。私はいつもこの研究結果を引用しています。みなさんもぜひ、次のことを頭に叩き込んでおいてほしいと思います。

人間の脳というのは、三つの部分からできています。もっとも深い部分にあるのが脳幹です。これは呼吸をしたり、ものを食べたり、排泄をしたり、睡眠を取ったりというような、生命を維持するために必要な命令を出している部分です。ヘビやトカゲといった爬虫類にも備わっている脳で、「ヘビの脳」と呼ばれています。

人間の脳の三層構造

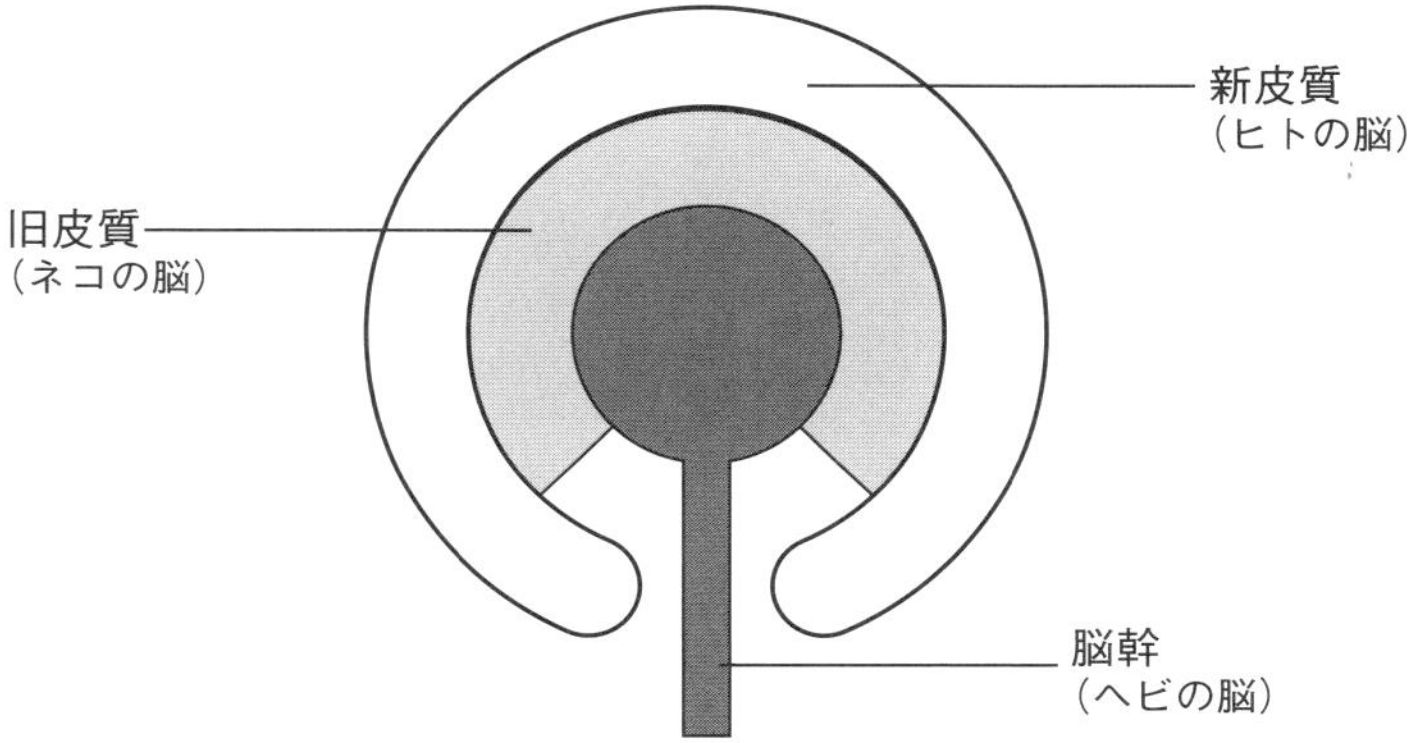

（出所）永田勝太郎『脳の革命』（PHP 文庫）

その外側にあるのが旧皮質。この部分は喜んだり、悲しんだり、怒ったり泣いたりするための脳です。つまりは感情を司る働きをしています。犬やネコなどの哺乳類に備わっている部分で、これを「ネコの脳」と言います。

そして一番外側にあるのが「新皮質」です。この部分こそが人間を特徴づけているものです。この「新皮質」があるからこそ、私たち人間はものを考えたり、覚えたり、言葉を話したりすることができる。これは「ヒトの脳」と言われる部分です。人間が生きていくためには、この三つの脳が正常に働いていなければなりません。どれか一つダメージを受けても、私たちは生きていくことができなくなるのです。

実はいじめというのは、生命維持の根幹で

ある「ヘビの脳」にダメージを与えるということがわかりました。「ヘビの脳」を攻撃されると、人間の生命力はどんどん減退していきます。言葉を変えると、生きていく気力が失われていく。つまりいじめという行為は、人の生きていく気力を奪うもの。それは殺人に匹敵する行為なのです。これは犯罪です。

軽い気持ちでいじめをしている子どもが多すぎます。それを絶対に見逃してはいけない。「君のやっている行為は、人の生きる力を奪うことになるんだよ」と、毅然と叱らなければいけないのです。それも科学的な根拠を示しながら教えていくことが大事です。

中学校の入学式が終わったあと、教室に保護者と生徒が集まります。私はまずはじめに、きっぱりと言います。「いじめは絶対に許さない。もしもいじめが起きれば、私は徹底的に戦います」と。そして「ヘビの脳」の話をし、いかにいじめが悪いことかを強く言い聞かせます。親と子どもが揃っているその場で、強烈にそのことを印象づけるようにしています。教師塾で学んだ先生方も、同じようにこの話をしています。まずは一番にいじめの話をし、それから中学校生活の楽しい話をしていく。それが私のやり方です。

早期発見がいじめをなくす

ただ、それほど強烈なメッセージを送っても、なかなかいじめはなくならない。それは、大人の世界でも同じこと。人が集まるところにいじめは発生するのです。しかし、いじめを予測して早期発見することは可能です。早くに発見をして適切な手当てをすることで、被害を最小限度に抑えることができます。そのためには、親と教師が、家庭と学校という二つの場で、それぞれの目で、いじめに気づくことが大切です。参考のために、いじめを早期発見するためのポイントをいくつか紹介しておきます。

学校では、次のような兆候が見られたら、要注意だと考えてください。

・学級での活動時に、わざと机を数センチ離す。その数センチを教師にわからないように巧妙にずらします。

・ある子が発言するときに、周りの者が目配せをしたり舌打ちをしたりする。集団でのいじめが始まっています。ただし、いじめの被害者が誰かをわかりにくくするため、ムードや些細な行動で、それとなくいじめます。

・授業中に手紙が回っていたり、教室に手紙が落ちていたりする。手紙の文字は後々まで残ります。それだけに心をひどく傷つけます。

・ノートや鉛筆など、物がなくなる。場合によっては、折られた鉛筆が筆箱に入っていたりします。

・物がなくなるのとは逆に、机の中に多くのプリントやゴミなど、不要な物がたくさん投げ込まれています。

・掃除のときに特定の生徒が、いつもゴミ箱のゴミを捨てに行かされます。一見、みんなでジャンケンをして決めていて公平そうに見えますが、みんなで事前に示し合わせ、一人の生徒のみが負けるように仕組んでいます。

・授業中に、やたらとトイレに行きたがる。休み時間にトイレに行くといたずらをされるのです。怖く、恥ずかしくて、大・小便ができません。場合によっては、トイレのために自宅まで帰る生徒もいます。

・休み時間になるとすぐに図書館に行ったり、飼育小屋に頻繁に出入りしたりする。図書室当番の先生がいるので安心しています。友達がいないので、飼育小屋の小動物を相手に時間をつぶします。

これらの兆候は、どれもごく日常的な、普通の学校生活の活動の中に表れてくるものです。ともすると、一日の流れの中で見逃してしまいがちですが、教師が「何かおかしい様子はないか」という目を常に持ち、観察していれば、必ず早期に気づくことができるものです。

いじめている子どもたちは、周囲にわかるかわからないかの、そのギリギリのところを狙って嫌がらせをすることがよくありますし、いじめられている子は「わかってほしい、助けてほしい」というサインを何とか周囲に伝えようとするものです。気づこうという気があれば必ず気づける、そう考えて取り組むことが重要です。

では、家庭ではどうしたらいいでしょうか。

子どものタイプによりますが、いじめを受けているとき、子どもはすぐに親に相談することはほとんどありません。かなりつらい目に遭っていても、自分で解決しようとしたり、我慢したりすることが多いのです。それだけに、親としては日頃から、しっかりとかかわりを持っていないと、子どものいじめには気がつきません。いじめに気づく家庭でのポイントや、親としての対応の在り方について触れておきます。

・容姿や身体的な特徴について、悪口を言われたり、無視をされたりすると人は元気がなくなったり、逆に攻撃的になったりします。親として、子どもの表情や行動には、敏感でないといけません。事情をしっかり聞いて、落ち着いて対応しましょう。

・メールやネットのブログ等へ自分のことを書き込まれると、不安になり、じっとしていられません。いつまでも携帯電話やパソコンにしがみついていたり、家族の話にも入らなかったりするのは、それが気になって仕方がないからです。親は、子どもの反応を怖がって、見て見ぬふりをしてはいけません。何が起きているかを聞きましょう。

・いじめの初期には、物へのいたずらが始まります。鉛筆や消しゴムがなくなっていたり、ノートに落書きされていたりします。何か変だなと感じたら、持ち物を見てください。

・日記や連絡帳、ノートなどに、つらい心の内が書かれていて、いじめられていることがわかることもあります。子どもの気持ちに配慮しながらも、書き物は時々点検すべきです。

・朝になると表情が曇り、グズグズする。または、体の不調を訴えて、休もうとする。こんなときは、よく話を聞いてやることが大切です。原因がいじめである場合は、こらえきれない状態になっています。しかし、いじめだと短絡的に決めつけて、過敏に反応しないようにしましょう。担任の先生に話を聞くなど、大人として落ち着いた対応をしましょう。

・家のお金が抜き取られている。もしも誰かに脅されて渡しているとしたら、完全に犯罪の被害に遭っているということです。しっかりと子どもと向き合って、事実を明らかにしましょう。親の逃げない姿勢が大切です。

・体にあざがあったり、服が破られていたりする。この段階になると、いじめはもうずいぶん進行しています。親として早急な対応が必要です。

親も教師もこうした些細な兆候を見逃してはなりません。いじめを受けている子どもは、なかなか自分からは言い出しません。親にも言わないし、教師にも隠そうとする。「どうして自分から言わないの」と不思議に思う人もいるかもしれませんが、それは当たり前のことなのです。人間というのは、自分の恥ずかしいところ、弱いところ、知られたくないことは隠そうとするものです。自分の弱みを積極的に他者に言う人間など、あまりいません。でも、気づいてほしい。助けてほしいのです。だからこそ、こちらが気づいてやらなくてはならない。「どうして言わなかったんだ」「どうして相談してくれなかったの」などと言うのは愚の骨頂です。

親や教師がいじめの兆候に気づかなければ、最悪の事態が起きることもあります。命を失ってしまうのです。「ヘビの脳」にダメージを受け続けると、頑張る気力がなくなってしまいます。こういう悲しい結末を絶対に招いてはいけません。

誰かに助けてほしい。ここから救ってほしい。子どもたちは心の中で叫んでいます。そしてその叫びは、必ず何らかのサインとして表れるものです。

「おれ、もうダメ」「もう、しんどいわ」と、必ず誰かに向かってメッセージを送っている。冗談めかして言ったり、ふざけたような口調で言ったりするけれど、どこかで心の叫びを訴えている。それを見逃してはいけない。親も教師も、子どもに変調を感じ取ったら、絶対に放っておいてはいけないのです。

いじめは「ヘビの脳」にダメージを与えます。このダメージは脳の中に深く入り込み、長年にわたってトラウマとなり、残ってしまいます。それがまた恐ろしいことなのです。

一度いじめを受けた子どもは、そのトラウマを抱え続けることになる。それが何かのきっかけで、逆にいじめる側になってしまうことがよくあります。いじめられていた側がある日いじめる側に変わり、そしてそのいじめる側がまたいじめられたりする。まさに負の連鎖が起きていくのです。連鎖が始まるとなかなか止められない。だからこそ最初のスタートが大切なのです。そして、教師と親が「絶対にいじめは許さない」という覚悟を子どもたちに見せることが大切です。

ネット社会のいじめ問題

インターネットが普及し、メールでのコミュニケーションが盛んに行われるようになりました。いまでは、小学生のときからメールのやりとりをすることが当たり前になってきています。それとともに、いじめの質にも変化が出てきました。かつてないほどの陰湿さが生まれてきたのです。私たちが小さい頃のいじめは、目に見えやすいものでした。帰宅するときにみんなのカバンを持たせたりする。あるいは昼休みに体育館の裏に呼び出したりする。こういういじめは、先生たちが常に目を光らせていれば、ある程度は未然に防ぐことができたものです。

しかしいまは、陰湿ないじめが地下深くで進行しています。メールで悪口を書き込まれる。「あいつには近寄るな」「お前なんかはやく死んでしまえ」など、身も凍るような言葉が書き込まれています。そんなメールが一日に何百通と送られてくる。どんな人間だって、精神的に参ってしまうでしょう。

ならばメールなんか見なければいいじゃないか。メールでのやりとりなんて止めればいいじゃないか。大人ならばそう考えるでしょう。しかし事はそう単純ではありません。ある調査によると、日本の学校の多くが前に述べた、優しさばかりが先行しているなれあい家庭のような学級だと言われています。その数字は全体の六十パーセントにものぼると唱える人もいます。父性的な厳しさに欠けて、ルールや礼儀をしっかりと守らせない。生徒に遠慮ばかりして、まるで友達のように接する教師。このような学級からいじめが発生しやすいと言えます。

なれあい学級の状態になると、子どもたちは小グループを形成します。昼食を食べるときも、学級の行事のときも、常に一緒に行動する。休み時間になるとすぐにグループごとに分かれ、ちまちまとそこここにコミュニティーを形成します。普段から同じファッションをし、お揃いの文具を持っている。そして、そのグループの中で頻繁なメールのやりとりが行われています。特に女子に顕著です。

どこかのグループに属していなければ、たちまち孤立していじめの対象になる。子どもたちはそれを敏感に感じていますので、何としてもグループの一員にしがみつこうとします。たとえメールのやりとりをしたくなくても、返信をしなければ、グループからは排除されるわけです。その恐怖感から、みんな必死にメールにしがみつくのです。

まったくバカバカしいと思うでしょう。たかがメールと思うでしょう。でも、子どもたちにとって、それは大きな問題なのだということを理解してください。携帯電話の請求書が届く。開けてみたら一ヶ月に四百通を越えるメールをしている。金額も相当なものになっている。そこで初めて親は気づくのです。「こんなに無駄遣いするのなら、もう携帯電話は禁止だ」と携帯電話を取り上げてしまいます。携帯電話を取り上げられると、他人の携帯電話を借りてまでメールを打つ子どももいました。大げさではなく、それほどまでにメールというものが、子どもたちの生活に深く入り込んでいることを知ってください。

親は携帯電話の料金や、メールの数に注目することです。一ヶ月の間にメールが急激に増えた。あるいは逆に、まったくメールを使わなくなってしまった。そういう変化にこそ気づくことです。急激なメールの増減には、必ず何かの理由があるものです。その理由を聞いてあげることです。「何があったの?」と追及するのではなく、「学校のほうはどう?」と聞いてあげる。すぐには答えが返ってこなくとも、親が見ていてくれるという安心感を持たせてあげることが大事です。

大阪府の橋下知事が、中学校への携帯電話の持ち込みを原則、禁止にしました。大胆な取り組みですが、いじめ問題の根は深く、持ち込みを禁止しただけでは防げません。

携帯電話の問題で、もう一つ大きな事件につながることがあります。それは、「ネット掲示板」や、いわゆる「学校裏サイト」と呼ばれるものです。匿名で、誰かの悪口を書き込む。あるいは、誰か他の人になりすまして、あることないことを書き込む。近年、特に話題になった「学校裏サイト」では、そのサイトを見るためには、まず「パスワード」を入力するというシステムになっています。生徒たちはパスワードを共有しているので、いつでも見られるし書き込みもできるのですが、保護者や教師たちはパスワードがわからないので、「学校裏サイト」を見つけても、何が書かれているのかを突き止めることができません。

書き込みは、特定の生徒の悪口、教師への誹謗中傷、根も葉もないうわさで埋まっており、学校裏サイトの書き込みが原因の不登校や自殺未遂といった、深刻な問題が起きています。悪口を書き込まれた子どもは、疑心暗鬼になり、精神的にも追いつめられることになります。匿名で誰かの悪口を書き込むなど、これほど卑劣な行為はないでしょう。

大人の世界ではこういう汚い行為や犯罪も昔からありますが、いまでは子どもが同じことをやっている。悲しむべき現実があるのです。

こういう卑怯な行為は絶対に見逃してはいけません。それは明らかに犯罪行為でもあるからです。もしも学校の中でそのようなことが行われていることが発覚したなら、すぐに専門家である警察に介入してもらうことです。警察が調べれば、発信源はすぐに解明されます。誰が送ったかも特定できる。犯人を割り出して、犯罪として処理してもらう。現にいまでは、学校を舞台にしたこういった問題の多くが、警察と整備された法律によって解決されています。

もはや教師と保護者の努力だけで解決できる事態ではありません。教師と親の話し合いなどで解決できるレベルではないのです。犯人を特定し、罰することが目的ではなく、被害を最小限度にとどめること。そうしなければ、命にかかわるのです。

ネット掲示板や学校裏サイトの問題では、大人は毅然と子どもに伝えることが大事です。「もしもそんなことが起きたら、すぐに警察に通報する。警察が調べれば、誰がやったかはわかる。そうなれば、その人間は罰せられる。警察に連れて行かれることになる」

そしてそれを実行する。法律を遵守する。その当たり前のことを事前に厳格に教えることです。子どもだからといって許される問題ではない。そのことを肝に銘じさせること。子どもたちもそこまできっぱりと言われれば、「やっぱり、それはまずいなあ」と思うものです。ただし、法律だけを教えるわけではありません。最低限のルールをしっかり伝えた上で、道徳的な教育を施していく。いじめは犯罪として悪いだけでなく、人間としても最悪の行為であることを良心に訴えていく。そうして正しい心を持った人間になるように「心づくり」をして、卒業させる。それが私のやり方です。

当たり前の家族の姿がいじめを防ぐ

誰もが「自分はいじめられたくない」と思っていますし、親ならば、自分の子どもがいじめられることがないようにと願っています。でも、学校は人が集まり共同生活をするところですから、もしかしたら、いじめの被害に遭うかもしれないし、いじめる側になってしまうかもしれません。では、どうしたらよいのでしょうか。

まず、いじめが起きやすい学級とそうでない学級があるということをお伝えします。いじめが起きやすい学級は、ルールが守られず、先生もそれに対して優柔不断なので、子どもたちは、いつもイライラしています。その矛先が、弱い者、他と違う特徴を持った子どもに向きやすくなります。いわゆる「なれあい学級」です。学校では、担任の先生だけでなく、学校全体でいじめが起きない集団とムードを作るべきですし、親もそれに全面的に協力するべきです。

親はどうしたらよいのでしょうか。

子どもたちをよく見ていますと、いじめられやすい子どもと、どうしてもいじめてしまう子ども、決していじめをしないし、いじめられることもない子どもがいます。不思議なことですが、いじめにかかわることのない子どもの家庭はしっかりとしています。そのような家庭の子どもは、何らかのトラブルでいじめたりいじめられたりすることが起きても、すぐに立ち直ることができます。

まず、お父さんは落ち着いていて、しっかりしています。お母さんは包容力があって、優しい方です。お母さんが神経質でカリカリしていると、子どもは被害者意識が強くなって、周りが見えなかったり空気が読めなかったりしてしまい、いじめられることが多いように思います。親が攻撃的ですと、子どももイライラして攻撃的になり、いじめる側にかかわることが多いように思います。当たり前のことですが、育ちの中で親がどのように子どもにかかわってきたか、そして、かかわっているかということが子どもの態度に深く関係するということです。

子どもが子どもらしく、厳しさと優しさのある安定した家庭で、人とふれあい、様々な経験を重ね、我慢をしたり、夢を描いたりしながら健全に育つことは、長期的に見て幸せになれるということです。お子様主義でもない、ほんわか家族でもない、ピリピリ・きっちり家族でもない、仮面夫婦でもない、友達家族でもない、そして難しい子育てノウハウの世界でもない、当たり前の家族の姿が、いじめから子どもを遠ざけるためにはとても大切なことなのです。

最後に子どもを守れるのは大人しかいない

「いじめはなくならないですね、絶対に」

という意見をよく聞きます。

「たしかに。でも、減らす方法はあります。先生の指導のスタイルがとても大切です」

と私は答えます。

「えっ！　どうしてですか？　悪いのはいじめを行う生徒自身じゃないんですか」

「いやそれは違う。方法がある。教師がやるべきことがあります」

厳しさを発揮せず、わが子を野放図に甘やかす親も悪い。しかし、教師の責任ある取り組みによってはいじめを減らし、なくすこともできる。教師には、それをできるのは教師だ、というプライドを持ってほしいのです。

では、クラスをなれあい学級にしないための方法の一つを紹介しましょう。それは一言で言えば、明確なルールを作ることです。生徒たちの学校生活でのルールをはっきりと示すこと。そして日々の行動に対して、細かく○と×をつけることです。学校というのは、一日、一週間、一ヶ月、一学期という単位でだいたい同じような活動、勉強、行事を繰り返します。そこに子どもたちの生活を正し、自立させる機会があります。

中学校の一日を例にとって見てみましょう。まずは学校に登校してくるとき、自転車通学ならちゃんと一列に並ぶこと。校門を入ってくるときには「おはようございます」と先生や友達に挨拶すること。朝礼の二分前には自分の席についていること。授業中はおしゃべりはしないで、先生の言うことをしっかりと聞くこと。昼食や午後の授業、そのあとの教室の掃除。終わりの会をきちんと行い、それから各自クラブ活動に行く。

登校してから下校するまで、自分たちが思う理想の行動を作らせ、すべての行動に自分たちで○×をつけさせるのです。

それと同様に、教師も自分の学級の状態を日々チェックし、評価します。たとえば朝礼に一人の生徒が遅刻をした。そうなれば、その日の朝礼の評価は×です。そこには△という評価はありません。ちょっと遅刻したけれど、まあ一人だけだから△にしようか。そう考えるのがなれあい教師なのです。

学校での生活態度に、△という評価を入れてはいけません。一度△を入れ始めると、それればかりが増えていってしまう。〝ちょっとくらいならいいか〟〝まあこれくらいなら許されるか〟という、その甘えこそがなれあい学級を生んでいくのです。「そんな細かいことまで……」と批判的に言う風潮がありますが、そこにこだわることが、とても大切です。

いいことと悪いことの徹底的な区別。真ん中のグレーゾーンなど存在しない。そういった態度教育をすることが必要です。私はこの方法を「理想の行動チェック」と名づけています。

「時間を守る」「場を清める」「礼を正す」この三つのことを徹底的に落とし込むこと。登校してから下校するまで、正しい行動を心がける。これは、至極当たり前のことではないでしょうか。何も必要以上に厳しくしろと言っているわけではありません。当たり前のことを当たり前にやれる。それを身につけさせてこそ、一人前の社会人になれます。子どもたちの将来を思うからこそ、こうしたしつけが大切なのです。そのことを、親や先生たちはよく肝に銘じておいてほしいのです。

何度も繰り返しますが、人は人格、人柄、人間性という土台の上に能力を発揮します。勉強のテストの点数だけでは評価はできません。社会も学歴だけで渡れるほど甘くはありません。心のコップが上を向いた、真面目、本気、真剣、利他の精神を持つ人を世の中は求めています。

以上のように、いじめを生む環境はやはり教師の頑張り次第で減らすことができる。あえて私がそう言うのも、早く先生たちにそのことに気づいてほしいからです。確かにこの社会からいじめが百パーセント消えることは難しいかもしれない。どんなに大人が努力をしても、水面下で進行するいじめはなかなか防げないものです。しかし、なれあい学級から脱却することで、確実にその数は減少します。これは間違いがありません。だからこそ、少しでもいじめの犠牲者を生み出さないために、教師は日々の態度教育を施さなくてはならないのです。

そして、お父さんお母さんには、厳しい態度教育を施す、理想に燃える教師をサポートしてほしいのです。厳しさの発揮が非常にやりづらい学校現場です。お父さんお母さんもわが子を甘やかす安易な方向に走らず、本当の愛情のある厳しさを教師とともに発揮してください。

私は子どもを守ること、人間として正しい方向に導くこと、ただそれだけを考えてきました。それが私の理念であるからです。親と教師がしっかりとした理念を持つことで、きっと多くの子どもが救われる。そう信じています。

親も教師も自立する

私が教職に就いた二十七年前には、生徒には厳しい指導をするというのが当たり前でした。男性教師が声を荒げて怒鳴ったり、時には体罰とまではいかなくても、多少叩いたりすることもありましたが、それを責められることはありませんでした。多くの生徒にとっては、教師というのはどこかで怖い存在でもあったのです。

別に教師としても日常的に怒鳴っているわけではありません。できることなら怒りたくない。怒るというのは教師にとってもエネルギーを消耗しますから、本音では穏やかに接したいと思っている。それでも学校の規律を守り、善悪を教えるためには、叱らなければならないことがあるのです。厳しい指導をすることで、子どもが何とか悪い道に行かないようにしたい。みんながそう願っているのです。

しかし、その願いとは裏腹に、現実は厳しい指導、厳しさを教える指導が、大変やりにくくなってきています。人権だ、個性だ、自由だ、自主性だ。そんな耳に心地良い言葉が一人歩きし、もてはやされ、教育の本質が置き去りにされてしまったのです。

厳しさを忘れた教育は、なれあいを増大させ、学校が単なる遊園地になってしまう恐れがあります。

私の教師塾にも数多くの事例が届いています。

複数の生徒が、指導した教師をエアガンで後ろから打つ。妊娠中の女性教師の腹部を蹴る。理科室から薬品庫のカギを盗み、劇物を奪う。学校にマージャンを持ち込み、飲酒、喫煙しながら遊ぶ。踊り場から女性教師を蹴り落とす。校内に放火するなど、すべて現実の話です。

また、関西の私立大学の調査では、簡単に薬物を入手できると答えた学生が全体の三割にも上りました。厳しい教育のトーンダウンが、確実に若者の人格形成に影を落としています。

いま、都市部の学校で、五十代半ばの教師たちが、次々と学校を離れていっています。まさに、最前線で厳しい指導をしなさいと教えられてきた世代です。教師になって三十年以上も、彼らは生徒に厳しく接してきた。しかし、社会の変化とともに、子どもたちも変容してきました。かつてなら「こらあ、これ以上悪さしたら許さんぞ！」と大声で叱れば、たちまち子どもたちはおとなしくなった。ところがいま同じように叱ったら「なんや、殴れるもんなら殴ってみろや。教育委員会やマスコミに言いつけるぞ！」という言葉が返ってくる。自分と現場への限界を感じつつ、多くの教師が現場を離れていく。そういうことが起こっているのです。

たいへん残念なことです。かつてのやり方が通用しない。自分のやってきたことが否定される。それは苦しいことでしょう。その苦しさは十分にわかります。しかし、厳しいようですが、社会が変化したのであれば、子どもたちが変容したのであれば、親も教師も変わっていかなくてはなりません。親や教師が新しい教育を模索し、学校と家庭がともに変わらなければなりません。

社会は移り変わっていきます。教育制度にしても、めまぐるしく変わります。政治家を責め立てたところで意味などない。結局は、現場のことは現場の人間にしかわからないのです。だからこそ、親も教師もしっかりと自立していなければならないのです。自分はどういう親になりたいのか、どういう教師を目指すのか、そしてどういう教育を子どもたちに施すのか。教育理念をしっかりと構築し、一本の筋を通すこと。揺るぎない信念さえ持っていれば、その愛情は必ず子どもたちに伝わるのです。

日本の教育とこれからの人材育成

日本の教育は世界的に見ても、非常に優れています。高い力を持っています。大げさではなく、私は世界一の教育力を持っていると確信しています。

日本の教師には何が求められているかを、考えてください。学校における教師の役割ということです。まず第一にはそれぞれの授業で教科を教えるということです。国語や理科や数学を教えながら、生徒の学力を向上させていかなくてはなりません。

次に求められるのは、いわゆる生徒指導です。態度教育をしながら、一人前の社会人になれるように導く。思春期の揺れ動く気持ちを支え、適切なアドバイスをしていかなくてはならない。不登校やいじめといった問題も解決しなくてはいけません。

そしてこの二つをこなしながら、放課後には半ばボランティアの部活動も見なくてはならない。部活の顧問を熱心にすると、土日や休日もありません。自分の家族とのかかわりも極端に少なくなります。しかし、この三つのことをやるのが当たり前。そのように理解されているのが現状です。その使命に応えるべく、教師たちは自分の時間を削りながら努力を重ねているのです。

ここ数年、フィンランド式の教育が世界で評価されています。ＯＥＣＤ生徒の学習到達度調査（二〇〇〇年～）で、フィンランドの高い学力が大きな注目を集めました。日本は調査開始以来、すべての分野で順位を下げています。そういう情報がひとり歩きをはじめ、「フィンランドの教師はすごい。日本の教師ももっと見習うべきだ」というピントはずれのプレッシャーが日本の教師を襲っています。

実は、それはおかしな意見なのです。私はフィンランドに視察に行き、その教育環境をこの目で見てきましたから、それがよくわかっています。フィンランド全体では、義務教育における公教育が九十九パーセントで、私立はわずか一パーセントです。公立と私立の軋轢がなく、国の統制下で、国単位で教育を変えやすい土壌があります。子どもたちは塾にもほとんど行きません。親には自分たちの力で、家庭でなんとか教育しようという意気込みもあります。

また、フィンランドの教師というのは、基本的に教科を教えることに集中します。生徒指導や心の問題をケアするのは、学校にいる専門的な知識を持つスタッフがメインです。私が視察に行ったときには、授業の中にもそうしたカウンセラーが一緒に入っていました。問題を抱えていそうな子どもを見分けて、適切なフォローをしていく。そして教科の教師が集中しやすいような環境を整える。そうしたプロが学校現場にいるわけです。

また、フィンランドにはいわゆる放課後の部活動がありません。スポーツをやりたい子どもたちは、学校が終わると地域のスポーツクラブへと通います。もちろんそこには、プロの指導者がいます。このように、学力向上と生活指導と部活動が分化されている。それぞれの役割分担がきっちりと決まっているわけです。

日本の教師が責任を持つ仕事の三分の一の量ですから、学力向上に力をかけやすい。そして何よりも、フィンランドの教師は社会的地位が高い。生徒や社会から尊敬されているために、大きなプライドを持つことができる。羨ましい環境です。

そう考えると、日本の教師にはずいぶん多くの役割があります。フィンランドの三倍の仕事量をこなさなくてはなりません。にもかかわらず、教師一人が多数の生徒を教育し、世界上位に位置する学力水準をキープしている。このような高い教育力を維持しているのは、世界の中でも称賛に値します。日本の教師はよく頑張っています。その教師の力量があったからこそ、戦後の日本はここまでの成長を遂げたと言っても過言ではないでしょう。

マスの大衆教育の底上げという意味において、日本の教師は最強です。事実、インドネシアやタイ、ベトナムといった大衆教育の底上げが求められる国々では、日本方式の教育を取り入れています。わが国の教育のレベルの高さを、もっと自慢してもいいと思います。

しかし、一応の大衆教育の底上げがなされ、経済復興を遂げ、世界一にまでのぼりつめた日本ですが、ここにきて現場では、子どもたちの勉強離れ、基礎学力の低下が叫ばれています。これも残念ながら深刻な事実です。いま、日本では学力向上が急務なのです。

今後はさらにクオリティーの高い教育も求められていきます。特異な才能を持った子どものスーパーエクセレントな力をさらに伸ばし、世界に羽ばたく人材を育成することも重要です。そういう意味では、現在の教育システムに加え、フィンランド方式など海外の先例を門戸広く取り入れていく必要もあるでしょう。

英語教育、問題を発見するための気づきを得る教育、解決策を覚えるのではなく、新しい解決策を生み出す教育、日本国内だけでなく世界全体を見渡し、未来の構想を描く教育。このような新しい教育が求められているのです。

教育の時代

次の話は実話です。

問題を起こした女生徒を担任の男性教師が厳しく指導しました。教室で二人になり、一生懸命に話しました。生徒も納得して「わかりました。もう二度としません」と涙をぽろぽろこぼす。ああ、これで伝わったかなと満足していたら、翌日にその生徒からセクハラを受けたと訴えられた。叱られた腹いせに、マスコミに嘘の告発をしたのです。信じられないでしょうが、そういうことが現実に起こっていることを知るべきです。

「原田先生、ぼくはもう子ども恐怖症になりそうです」

私は言いました。

「それは違う。君の危機管理能力が低かっただけや。そんなことで悲劇の主人公を演じてたらあかんぞ。ええ勉強したと思いなさい」と、私は彼を励ましました。

生徒同士の陰湿ないじめ。男性教師をはめようとする女子生徒。教育現場では様々な問題を抱えています。教育の難しさがクローズアップされています。しかし、そこから逃げてはいけない。愛情と熱意を持って、教師たちは子どもと接しなくてはならない。教師という仕事の素晴らしさ。未来のための大切な仕事であるということを、私は「教師塾」で伝えようとしているのです。

「教師塾」の発足は、いまから八年前、大阪の松虫中学校の理科室で産声をあげました。現在では、北海道、東京、大阪、京都、高知、福岡の全国六会場で行われています。現在までに延べ千八百名の教師が塾に参加しています。開始は夜の七時。終了が明け方の三時から五時です。先生方は徹夜で学んでいます。そこから始発電車に乗り、それぞれの学校へと向かいます。そのように必死で教育と向かい合う教師がまだまだたくさん存在します。そして、日々頑張っています。子どもたちの未来のために、必死で頑張る教師に、どうかエールを送ってください。

〈参考文献〉
「月刊生徒指導二〇〇九年一一月増刊号 生徒のやる気を引き出すコミュニケーションスキル」堀井恵・学事出版

おわりに

「教師受難の時代」という言葉をよく耳にします。多様化する価値観、モンスターペアレントと呼ばれる保護者の存在、学力向上への切羽詰まった取り組み。全国の調査では、教職員の病気などによる休職者のうち、その原因が仕事上のストレス、人間関係などのコミュニケーションにある、とする人の割合が高くなっているという現状が、報告されています。

実際、私の知っているベテラン教師の中にも、定年（六十歳）を目前にして、退職してしまう方が多くなっています。彼らはこう言います。

「原田君、自分の教育が最近通用しなくなった。時代に合わんのや。昔から反抗的な生徒はいた。でも、言って聞かせれば時間はかかっても必ずわかってくれた。それが、いまはダメや。いじめも陰湿や」

また、ある教師はこう打ち明けてくれました。

「顧問をしている陸上部の生徒が、叱られたことを理由に、一番大事な試合の、しかも当日の朝に、多くの部員と一緒に辞めると訴え実行した。これはもう、自分の経験と考えでは理解できない。よりによって、手塩にかけた陸上部の生徒やで」

もちろん、私は私の知っているベテラン教師がすべて正しく、生徒や保護者がすべて間違っていると言うつもりはありません。しかし、確実に言えることは、教育を取り巻く環境も、私たちを取り巻く生活環境や経済状況も変化しているのです。

私の両親の世代の努力と勤勉により、日本は戦後の復興を遂げてきました。科学技術は進歩し、生活環境は改善し、経済は急激な発展の一路を辿りました。その進歩は教育においても例外ではなく、日本は世界に誇る「九年間の義務教育」制度を確立し、高い水準での教育を提供してきました。しかし、残念ながらすべての進歩が望ましい変化であったとは言えないような状況が起きているのではないでしょうか。その詳しい内容については、本書で述べましたので重複は避けますが、すべての事実を総括して言えること、それはいまのままではいけない、ということです。

問題が行き詰まり、身動きが取れないと感じるような困難と苦境のとき、私はいつも「原理・原則に戻る」という姿勢を大切にしています。「損得より、善悪を大切にする」「未来を描き、現在を生きる」「成功をイミテーション（真似る）し、始める前にイマジネーション（想像）する」という原理・原則に基づき、いまの教育を考えたときに見えてきた答え、その答えに対する思いと願いを、私は本書に込めました。

困難や苦境を乗り越えるときに、私が大切にしているもう一つの考え方があります。それは「困難や苦境は、自分の長所で乗り越える」ということです。しんどいときこそ、長所発揮。その原則に従って考えると、いまの教育における苦境のときを乗り越える答えが見えてきます。

私の主宰する「教師塾」の達人教師たちに「日本の教育の長所」について考えてもらいました。実際の教育現場で奮闘し、結果を出している教師たちの多くは、日本の学校教育の長所を「全人格的な教育を、どの生徒にも平等に行うことができること」と考えていました。そういったことが可能な原因としては「放課後の部活動教育で社会性や道徳性を育てている」「保護者・地域との密着した協力関係」「学習指導要領の遵守と質の高い教科書の無料配布」といったことが挙げられていました。

私がここで強調したいことは、こういった質の高い全人格的教育を行うことができる最大の要因は、日本の教師の持つ高い教育力とあくなき向上心、職務への責任感のおかげである、ということです。

「教科書『を』教えるのではなく、教科書『で』教える」。

これは教育の本質を突くものとして、私が常に心に置いている大好きな言葉です。いくら教科書の内容が素晴らしくても、その教科書を使ってどれだけのことを、何を伝えるかは、教師の腕次第です。日本の教師は教科書を通して、その教科の専門的な知識を教えるだけではなく、その背後にある物語、人生についての滋味あふれる教訓をも伝え、子どもたちの心を育てることができます。

しかし「教師受難の時代」、教育を取り巻く様々な問題、ときには不条理と感じるような出来事が、次から次へと起きる中で、教師はすっかり疲弊しています。頑張る教師が疲れているのです。

保護者から信頼され質の高い教育を提供し、部活動指導にも真剣に取り組む教師には、土曜も日曜もありません。それでも子どもが好きだから、子どもの将来を考えるから、教師という仕事に社会的使命感を感じているから、頑張る教師は妥協しません。

私は教師として、企業の経営者として、なによりも子を持つ親として、みなさんにお願いしたいのです。どうか、そういった頑張る教師、本物の教育者を助けてあげてください。「この先生はいい先生だな」と親のみなさんが考えている教師と同じ方向を向き、家庭から強力で積極的な援護を送ってあげてください。

かつての日本では、学校と家庭と地域、この三者が同じ価値観を共有し、子どもたちを見守り、支え、育成していました。私もその恩恵にあずかった一人です。多様な価値観が存在する現代社会において、同じ価値観を共有することなど無理だという意見もあるでしょう。しかし、混乱の時代にこそ「原理・原則」。子どもをどんな大人に育てたいか、どんな人生を歩んでほしいか、その子どもたちが過ごすこの日本という国の将来の姿はどういったものであってほしいか。そう考えていくと、家庭・学校・地域は、実は多くの共通する思い・理想・価値観を共有しているはずです。

いまこそ、みなさんが持っている良心の「声なき声」を響かせてください。大人が子どもたちのよりよい未来のためにタッグを組み、一丸となって子どもたちの教育に三百六十度からかかわっていく、しかも積極的に。

本書を片手に、学校や近所の保護者の方と語り合ってください。仲間同士で、家庭での教育について話してください。いまこそ、日本が持つ教育力を発揮しましょう。家庭から、学校から、地域から、企業から。日本の将来は教育力にかかっています。「教師受難の時代」ではなく、「教師の時代」「教育の時代」だと、私は信念を持って言うことができます。私は明るい希望を見出しながら、この本を締めくくります。

二〇一〇年三月八日　晴天の大阪より、感謝をこめて

原田隆史

いま、子どもたちに伝えたいこと

2010 年 4 月 25 日　第 1 刷発行
2012 年 4 月 20 日　第 2 刷発行

著　者………… 原田隆史

発 行 者 ……… 布施知章
発 行 所 ……… 株式会社ウェッジ
〒 101-0052　東京都千代田区神田小川町 1-3-1
ＮＢＦ小川町ビルディング３階
電話：03-5280-0528　ＦＡＸ：03-5217-2661
http://www.wedge.co.jp　振替 00160-2-410636

ブックデザイン… 渡邊民人・小林祐司（TYPE FACE）
ＤＴＰ組版…… 株式会社リリーフ・システムズ
印刷・製本所 … 図書印刷株式会社

定価はカバーに表示してあります。
乱丁本・落丁本は小社にてお取り替えします。

ISBN　978-4-86310-071-8　C0095

ウェッジ選書

1 人生に座標軸を持て
松井孝典・三枝成彰・葛西敬之【共著】

2 地球温暖化の真実
住　明正【著】

3 遺伝子情報は人類に何を問うか
柳川弘志【著】

4 地球人口100億の世紀
大塚柳太郎・鬼頭　宏【共著】

5 免疫、その驚異のメカニズム
谷口　克【著】

6 中国全球化が世界を揺るがす
国分良成【編著】

7 緑色はホントに目にいいの?
深見輝明【著】

8 中西進と歩く万葉の大和路
中西　進【著】

9 西行と兼好
小松和彦・松永伍一・久保田淳ほか【共著】

10 世界経済は危機を乗り越えるか
川勝平太【編著】

11 ヒト、この不思議な生き物はどこから来たのか
長谷川眞理子【編著】

12 菅原道真
藤原克己【著】

13 ひとりひとりが築く新しい社会システム
加藤秀樹【編著】

14 〈食〉は病んでいるか
鷲田清一【編著】

15 脳はここまで解明された
合原一幸【編著】

16 宇宙はこうして誕生した
佐藤勝彦【編著】

17 万葉を旅する
中西　進【著】

18 巨大災害の時代を生き抜く
安田喜憲【編著】

19 西條八十と昭和の時代
筒井清忠【編著】

20 地球環境　危機からの脱出
レスター・ブラウンほか【共著】

21 宇宙で地球はたった一つの存在か
松井孝典【編著】

22 役行者と修験道
久保田展弘【著】

23 病いに挑戦する先端医学
谷口　克【編著】

24 東京駅はこうして誕生した
林　章【著】

25 ゲノムはここまで解明された
斎藤成也【編著】

26 映画と写真は都市をどう描いたか
高橋世織【編著】

27 ヒトはなぜ病気になるのか
長谷川眞理子【著】

28 さらに進む地球温暖化
住　明正【著】

29 超大国アメリカの素顔
久保文明【編著】

30 宇宙に知的生命体は存在するのか
佐藤勝彦【編著】

31 源氏物語
藤原克己・三田村雅子・日向一雅【著】

32 社会を変える驚きの数学
合原一幸【編著】

33 白隠禅師の不思議な世界
芳澤勝弘【著】

34 ヒトの心はどこから生まれるのか
長谷川眞理子【編著】

35 アジアは変わるのか　改訂版
松井孝典・松本健一【編著】

36 川は生きている
森下郁子【編著】

37 生物学者と仏教学者 七つの対論
斎藤成也・佐々木閑【共著】

38 オバマ政権のアジア戦略
久保文明【編著】